FACULTÉ DE DROIT DE PARIS.

DROIT ROMAIN

DU

CURATEUR DU FURIEUX, DU PRODIGUE

ET DU MINEUR DE VINGT-CINQ ANS.

DROIT FRANÇAIS

DES SUITES, DE L'INTERDICTION JUDICIAIRE, DE LA NOMINATION D'UN CONSEIL, DU PLACEMENT DANS UN ÉTABLISSEMENT D'ALIÉNÉS

THÈSE POUR LE DOCTORAT

PAR

FÉLIX LACOIN

Avocat

PARIS

IMPRIMERIE DE E. DONNAUD,

9, RUE CASSETTE.

1862

FACULTÉ DE DROIT DE PARIS.

DROIT ROMAIN

DU

CURATEUR DU FURIEUX, DU PRODIGUE

ET DU MINEUR DE VINGT-CINQ ANS.

DROIT FRANÇAIS

DES SUITES, DE L'INTERDICTION JUDICIAIRE, DE LA NOMINATION D'UN CONSEIL, DU PLACEMENT DANS UN ÉTABLISSEMENT D'ALIÉNÉS.

THÈSE POUR LE DOCTORAT

L'ACTE PUBLIC SUR LES MATIÈRES CI-APRÈS SERA SOUTENU
Le mardi 5 août 1862, à 2 heures,

PAR FÉLIX LACOIN

Avocat

PRÉSIDENT........	M. MACHELARD,	Professeurs.
SUFFRAGANTS.....	MM. PELLAT, doyen,	
	VUATRIN,	
	DUVERGER,	
	LABBÉ,	Agrégé.

PARIS
IMPRIMERIE DE E. DONNAUD,
9, RUE CASSETTE.

1862

A MON PÈRE, A MA MÈRE

INTRODUCTION.

L'esprit humain qui, même à l'état normal, comporte tant de différences d'individu à individu, présente bien plus de diversité encore au point de vue des altérations qu'il peut subir. Alors, en effet, s'ouvre pour l'intelligence, depuis la pleine possession de ses facultés jusqu'à leur disparition complète, la série non interrompue des affections mentales. Les modes sous lesquels l'aliénation se produit varient à l'infini; tantôt un côté seulement se trouve frappé, la conception de certains rapports est seule devenue fausse ou même impossible; tantôt, au contraire, le caractère de la maladie est général; quelquefois le désordre se produira par voie de surexcitation, d'autre fois par voie de dépravation, souvent par voie d'affaiblissement.

On conçoit, par cela seul, combien, au point de vue psychologique, physiologique et moral, il doit être difficile d'établir entre ces états de l'esprit une classification quelque peu satisfaisante. Tel n'est pas, du reste, notre objet. Nos recherches, exclusivement juridiques, ne porteront que sur la situation légale faite par le droit romain et par le droit français aux personnes dont la raison est affaiblie ou perdue. Tous ceux chez lesquels l'équilibre des facultés intellectuelles est ébranlé sinon détruit, quelque nom que la science ou que la pratique leur ait donné: insensés, furieux, fous, déments, maniaques, idiots, prodigues, rentrent dans le plan de notre travail. Adoptant, sans d'ailleurs prétendre les justifier, les classifications déjà en usage, nous nous bornerons à faire connaître les moyens pris par le législateur pour remédier aux différentes incapacités, soit qu'il y ait lieu de faire représenter ces personnes, et de suppléer ainsi au consentement qu'elles ne peuvent donner; soit qu'il suffise de les faire assister ou conseiller pour certains actes que leur état rend particulièrement difficiles ou dangereux.

Le cours de cette étude nous amènera forcément quelquefois dans un ordre d'idées différent de celui qui est au premier plan de cet ouvrage, mais où, cependant, il est nécessaire de pénétrer pour avoir une connaissance un peu approfondie de notre matière même. Je n'en citerai que deux exemples. L'un en droit romain : C'est l'étude que nous ferons de la curatelle des mineurs de vingt-cinq ans à côté de la curatelle des insensés; en effet, quoique l'incapacité du mineur soit normale et universelle, tandis que celle qui résulte de l'insanité est anormale et particulière à certains individus, le lien le plus intime rattache ces deux institutions; ce n'est même, à vrai dire, que dans la curatelle des mineurs de vingt-cinq ans que nous trouverons le complet développement du système introduit pour les insensés. L'époque plus avancée à laquelle se fit jour la curatelle des mineurs, ainsi que le caractère général de la circonstance qui y donnait lieu, expliquent pourquoi les textes sur les mineurs sont très-nombreux, alors que ceux qui ont trait aux insensés sont relativement rares.

Je prendrai mon second exemple dans le droit français : L'interdiction judiciaire est certainement, eu égard aux causes qui y donnent lieu, bien différente de l'interdiction légale, et cette dernière n'attestant aucun dérangement dans la raison du condamné, semble bien ne pas devoir rentrer dans le cadre de nos développements ; cependant, les effets de ces deux institutions appellent une comparaison féconde en aperçus importants. L'intérêt et l'utilité du rapprochement naissent ici de la diversité même que les deux interdictions présentent dans leurs conséquences, qu'on pourrait dire *parallèles*, car découlant de sources différentes, elles se suivent toujours de près sans jamais se confondre.

Un mot maintenant, sur l'ordre que nous avons adopté dans la partie relative au droit romain.

Le système de protection que la législation romaine avait établi pour les personnes incapables de pourvoir par elles-mêmes à l'exercice de leurs droits et à l'accomplissement de leurs devoirs juridiques, était assez complexe et comprenait des institutions d'origine très-diverses. Pour apporter dans cette étude la clarté nécessaire, nous commencerons, dans une première partie, par exposer, au point de vue purement historique, l'introduction et la marche de ces institutions, et nous traiterons successivement de la curatelle légitime de la loi des XII Tables, de la curatelle dative, de la loi Plætoria, de la *restitutio in integrum*, de la curatelle continue des mineurs de vingt-cinq ans sous Marc-Aurèle, et de la prohibition d'aliéner les immeubles par Sévère. Arrivés à l'époque de Justinien, alors que les textes abondent et que les institutions ont atteint leur parfait développement, dans une seconde partie, nous reprendrons avec détails l'étude de la curatelle en elle-même d'abord, puis nous verrons ensuite les règles spéciales que chaque espèce particulière de curatelle peut présenter.

DROIT ROMAIN.

PREMIÈRE PARTIE.

CHAPITRE PREMIER.

LOI DES XII TABLES.

Curatelle légitime et curatelle dative.

La curatelle légitime remonte aux premiers temps de Rome ; des textes nombreux établissent d'une manière certaine qu'un chef de la loi des XII Tables appelait à être curateurs du furieux ou du prodigue, les agnats en première ligne et à leur défaut les gentils ; c'est là du reste une ordre de dévolution analogue à celui qui était adopté par la même loi pour les successions et très probablement aussi pour les tutelles.

D'après les indications qui ont aidé à la reconstruction partielle du texte des lois décemvirales, les interprètes se sont accordés à placer la disposition dont nous nous occupons dans la cinquième table.

Comme texte, il n'y a guère d'authentique que deux passages

de Cicéron : *si furiosus est adgnatorum gentiliumque in eo pecuniaque ejus potestas esto* (1). *Si furiosus esse incipit* (2).

D'autres documents (3) donnent bien aussi quelques indications d'après lesquelles, s'aidant aussi des monuments épigraphiques voisins de l'époque et notamment de la colonne rostrale de Duilius, Jacques Godefroy d'abord, puis au siècle dernier Bouchaud, ont cherché à reproduire les termes et l'orthographe de l'original ; ils sont arrivés à la construction suivante :

Sei. fouriosos. aut. prodicos. excistat (4). *ast. oloe. coustos. nec. escit. adenatorum. centeiliomq. endo. eo. pecuniaq. ejus. potestas. estod.*

Tel est ce fragment que l'on ne peut présenter que comme un objet de curiosité ; il n'entre assurément pas dans mon dessein discuter la plus ou moins grande probabilité des diverses reconstructions, la seule chose importante pour nous est de constater que la loi des XII Tables appelait les agnats et subsidiairement les gentils à la curatelle légitime du furieux et du prodigue. Il est fort probable du reste que cette règle des lois décemvirales n'était que la confirmation législative d'une coutume antérieure (5). Tel est aussi le sentiment de Cujas et de Jacques Godefroy. Il semble même que cette coutume fût profondément entrée dans les mœurs, car un dicton bien connu en a transmis dans les ouvrages des auteurs classiques une trace manifeste jusqu'à nous ; lorsque quelqu'un donnait des signes d'aliénation mentale ou même faisait quelque acte étrange on l'envoyait : « *ad agnatôs et gentiles.* »

(1) *De Invent.* Liv. 2, chap. 50.

(2) *Tuscul. Quæst.*, liv. 3, chap. 5.

(3) *Auctor ad Herenn.*, liv. 1, chap. 23. — Festus, au mot *nec*. — Ulp. *Fragm.*, tit. 12. § 2, et loi 1 Dig. *De cur. fur.* — Gaius, loi 3. Dig. *De cur. fur.*

(4) Dans *l'auctor ad Herenn.*, on lit *existit*, liv. 1, chap. 23. Dans Cicéron, *De Invent.*, liv. 2, chap. 50, *est* ; dans les *Tuscul.*, liv. 3, chap. 5, *esse incipit.*

(5) Paul, *Sent.* liv. 3, tit. 4, § 7 et suiv. — Ulp., loi 1. Dig. *De cur. fur.*

Cette curatelle ne s'appliquait qu'au furieux ou au prodigue qui se trouvait *sui juris*, car autrement c'eût été à la personne qui avait la puissance à prendre soin de l'incapable ; c'est peut-être là ce que veulent dire les mots *cui. custos. nec. escit.* qui semblent avoir fait partie du texte. Théodore Marcile ne veut entendre par *custos* que le père, il vaut mieux y comprendre toute personne qui indépendamment des agnats et avant eux était le gardien, le protecteur légitime du furieux; s'il y a par exemple, un tuteur il n'y aura pas lieu à la curatelle le pupille devenant furieux ; c'est ce que nous dit une loi (1), pour une époque très-postérieure, c'est vrai, mais la raison de décider est la même.

Les agnats étaient les premiers appelés à la curatelle légitime. Les agnats étaient, nous le savons, les membres de la famille civile, la seule considérée à cette époque au point de vue des relations de droit. Cette famille civile se composait exclusivement des parents qui se rattachaient par le sexe masculin à un auteur commun ; *cognati per virilis sexus cognationem conjuncti, quasi a patre cognati* (2). Ce n'est que fort tard que l'agnation vint à perdre en même temps que la netteté de son caractère les avantages qui y étaient attachés, pour se confondre avec la cognation, c'est-à-dire avec la parenté dérivant simplement du lien du sang. Tant que l'agnation dura comme institution de droit, rien ne fut plus clair et mieux déterminé ; au contraire, la qualité de gentil est toujours restée pleine d'obscurité; cette seconde relation de famille, si importante puisqu'elle donnait des droits de succession immédiatement inférieurs à ceux qui naissaient de l'agnation, est bien peu connue aujourd'hui et fait l'objet des controverses les plus vives entre les savants.

L'incertitude complète dans laquelle la science se trouve sur ce point est d'autant plus étonnante que la définition des gen-

(1) Loi 3, pr. et § 1. *De tutelis*
(2) Inst. liv. 1, tit 15, § 1. *De legit. agn. tut.*

tils nous a été donnée par Cicéron; bien plus, il donne sa définition comme un type aussi parfait que possible. Assurément il est curieux que l'exemple donné par le prince des orateurs romains, comme modèle de définition, soit aujourd'hui le meilleur exemple de l'insuffisance complète d'une définition, si bonne qu'elle soit, pour faire connaître exactement l'objet défini.

Cicéron nous dit (1) : « *Itemque est illud : Gentiles sunt qui inter se eodem nomine sunt. Non est satis. Qui ab ingenuis oriundi sunt. Ne id quidem satis est. Quorum majorum nemo servitutem servivit. Abest etiam nunc : qui capite non sunt deminuti. Hoc fortasse satis est. Nihil enim video Scævolam pontificem ad hanc definitionem addidisse.* »

Suivant le système qui a le plus de cours aujourd'hui, les gentils seraient les membres de la famille dans laquelle un ascendant a affranchi un esclave, par rapport aux membres de la famille née de cet esclave ainsi affranchi. La race de cet affranchi se trouvant ainsi sous la prédominance de la race de l'affranchisseur, c'est donc relativement aux descendants du *manumissus* que les descendants du *manumissor* sont *gentiles*. On a fait remarquer, en effet, que dans cette hypothèse tous les caractères indiqués par la définition de Cicéron peuvent se rencontrer. On trouve encore en faveur de ce système un argument assez puissant dans une allusion à la gentilité que Cicéron rapporte à propos du procès entre la famille Claudia et la famille Claudia-Marcella (2).

Quelles étaient les personnes soumises à la curatelle légitime? Il est probable qu'à l'époque dont nous nous occupons le mot *furiosus* employé par la loi des XII Tables désignait toute personne dont la raison était manifestement égarée, quels que fussent du reste le degré et le mode de l'altération; la loi ne paraît même pas avoir fait de distinction bien nette entre celui

(1) *Topica*, 26. *in fine*.
(2) *De Orat.*, I, § 50.

qu'elle appelle *furiosus* et le *prodigus*. Nous savons cependant, et nous en dirons un mot tout à l'heure, que la jurisprudence appliquait la loi d'une manière différente dans les deux cas : c'est qu'en effet, la position est en réalité bien autre quand une personne est frappée d'aliénation mentale, et quand elle est prodigue ; on ne concevrait pas qu'une assimilation complète eût été établie. Le *furiosus*, l'insensé, ne peut consentir, sa volonté n'est qu'apparente, son incapacité à produire des effets de droit n'est pas légale, elle est naturelle. Le prodigue, au contraire, jouit de ses facultés intellectuelles, sa volonté est libre et éclairée quoique mal dirigée, et si l'habitude du désordre le rend incapable de bien conduire ses affaires on ne peut dire que ses actes soient faits sans consentement ; au point de vue du droit, les engagements qu'il contracte, si onéreux qu'ils puissent être, sont certainement valables. Aussi voyons-nous que si le furieux était incapable par cela seul qu'il était furieux et avant que les agnats eussent pris l'administration de ses biens, il n'en était pas de même du prodigue, qui, d'une part, ne cessait d'être capable et ne voyait l'administration de son patrimoine passer à ses curateurs que lorsqu'un acte du magistrat avait déterminé son interdiction, et qui, d'autre part, restait dans cette incapacité alors même que ses habitudes de désordre avaient disparu, tant qu'il n'était pas remis à la tête de ses affaires par une sentence nouvelle (1).

Nous trouvons une allusion bien manifeste à cette interdiction du prodigue dans une satire d'Horace (2).

> .... Interdicto huic omne adimat jus
> Prætor et ad sanos abeat tutela propinquos.

Est il nécessaire de dire que le poète a mis ici *tutela* pour *curatela* et s'est servi du terme générique au lieu du mot pro-

(1) Cf. cep. Paul, *Sent.*, liv, 2, tit. 4. A., § 12, et loi 4 *De cur. fur.*
(2) Liv. II. sat. 3, vers. 217.

pre? Des jurisconsultes qui n'avaient pas pour excuse les exigences de la quantité ont fait la même confusion (1).

A l'époque même de la loi des XII Tables ce sont les consuls qui exercent encore les fonctions judiciaires. La création du préteur est d'environ cinquante ans postérieure à la rédaction de ces lois (387 U. C.).

La prodigalité qui donnait lieu à l'interdiction et à la curatelle légitime des agnats était entendue d'une manière très-restrictive; il fallait que les biens dissipés par le prodigue fussent des biens recueillis par lui *ab intestat* dans la succession de son père; dans tout autre cas il n'y avait pas lieu à la curatelle légitime. C'est ce que nous indique de la manière la plus certaine la formule même du décret d'interdiction que le jurisconsulte Paul nous a conservée (2).

« Quando tibi bona paterna avitaque nequitia tua disperdis liberosque tuos ad egestatem perducis, ob eam rem tibi ea re (3) commercioque interdico. »

Ce n'est donc que dans cette hypothèse toute spéciale que les agnats et les gentils seront appelés à saisir de plein droit, comme curateurs légitimes, l'administration de biens qui appartiennent en quelque sorte à la famille plutôt qu'à l'individu. Ce n'est du reste là qu'une trace de l'idée d'une copropriété de la famille, idée dont l'application est très-sensible dans la théorie des *heredes sui*. N'y a-t-il pas ici quelque chose d'analogue à ce que nous voyons au moyen âge comme le principe des réserves coutumières? N'est ce point la même conception d'une copropriété familiale qui perce aussi dans les lois barbares? Il est d'ailleurs bien naturel, indépendamment d'une imitation que l'histoire montre impossible, d'expliquer cette similitude par l'état même des sociétés romaine et germanique alors qu'elles étaient

(1) Ulp., loi 1, pr. *De Min.*, 4. 4. Mod., loi 13, pr., *De excusat.* 27, 1..

(2) Liv. 3, tit. 4. A., § 7.

(3) Quelques auteurs veulent lire *œre*.

chacune dans l'enfance et que, malgré les bases différentes sur lesquelles elles reposaient, toutes deux présentaient néanmoins une organisation également forte au point de vue des droits de famille.

Dans tous les cas où les biens viennent autrement qu'*ab intestat*, viendraient-ils du père par testament (1), la curatelle légitime ne pouvait avoir lieu, et le magistrat nommait alors un curateur que les commentateurs ont appelé curateur *datif* par opposition au curateur *légitime*.

Cette seconde institution, la *curatelle dative*, prit peu à peu par l'influence des magistrats un développement considérable, elle gagna tout le terrain que la curatelle légitime perdit, et sous Justinien nous n'aurons guère à parler de celle-ci, la curatelle dative sera au contraire devenue la règle générale.

CHAPITRE II.

LOI PLÆTORIA.

Depuis que Rome avait une législation, les hommes devenaient capables à la puberté. Tout homme *sui juris*, dès qu'il était pubère, se trouvait avoir la jouissance complète de ses droits, l'administration et la disposition absolue de sa fortune. La puberté, on le sait, était fixée à un âge qui nous paraît fort bas, et chacun connaît la divergence qui se produisit plus tard sur ce point ; les Sabiniens voulaient conserver l'usage de fixer la puberté par l'examen physique, les Proculéiens, au contraire, dont l'opinion fut adoptée par Justinien, prenaient toujours l'âge

(1) Ulp. *Fragm.*, tit. 12, § 3.

de 14 ans; un jurisconsulte enfin, Priscus, exigeait à la fois et l'âge de 14 ans et la puberté physique. Toujours est-il que pendant bien longtemps l'époque de la puberté fut déterminée par le père de famille *ex habitu corporis* dans les environs de 14 à 17 ans. L'adulte prenait rang parmi les hommes en revêtant la toge virile (*toga pura* par opposition à la prétexte) à la fête des *Liberalia* (17 mars) instituée par Servius Tullius. C'est ce que Cicéron nous atteste dans une de ses lettres à Atticus. Il avait été chargé par le père de son neveu Quinctus de faire prendre à ce dernier la toge virile, et il dit : « *Quincto togam puram Liberalibus cogitabam dare, mandavit enim pater...* » (1).

On conçoit que dans les premiers temps, alors que les rapports juridiques étaient simples, les transactions rares, la fortune minime et presque immobile, l'homme pût à 17 ans avoir la complète disposition de ses biens, mais quand le droit se perfectionnant devint une science, quand le mouvement plus rapide des affaires porta sur des valeurs plus considérables, le besoin se fit impérieusement sentir de donner des garanties spéciales à ceux qui sortaient *sui juris*, de l'impuberté. La loi Plætoria prit en considération un âge autre que celui de la puberté et fit le premier pas vers cette idée que la capacité complète, ne serait acquise que plus tard, à vingt-cinq ans. Depuis cette loi, l'âge de vingt-cinq ans reçoit assez souvent la qualification d'*ætas perfecta*, *ætas legitima* (2).

Quelle est l'époque de ce progrès important, non-seulement au point de vue du droit romain, mais aussi de la plupart des législations postérieures sur lesquelles son influence s'est fait sentir ? A ce sujet, rien de précis. Nous savons seulement que la loi existait au milieu du sixième siècle, car elle est mentionnée par Plaute (3) et rien n'indique dans les réflexions qu'il

(1) *Ad Atticum*, liv. 6. 1. — Aulu-Gelle, liv. 10, tit. 28.

(2) Liv. 2. Cod. Théod. *De Donat.*, Constantin.

(3) *Pseudolus*, vers, 273.

prête à ses acteurs que cette loi fût alors une nouveauté :

CALIDORUS (Jeune homme).

Nimis miser sum, nummum nusquam reperire argenti queo :
Ita miser et amore pereo et inopia argentaria.

BALLIO (Usurier).

Emedie cæca, Hercle, olivum, id vendito oculata die.
Jam, Hercle, vel ducentæ fieri possunt præsentes minæ.

CALIDORUS.

Perii! an non tum lex me perdit *quina vicenaria*
Metuunt credere omnes.

BALLIO.

Eadem est mihi lex metuo credere.

Voici, d'après M. de Savigny (1), quel était le système de la loi Plætoria : elle ne venait au secours du mineur de vingt-cinq ans que lorsqu'on avait abusé de son inexpérience lorsqu'il avait été *circumscriptus* ; la loi n'eût donc pas été applicable si un mineur de vingt-cinq ans avait été lésé par les suites fortuites d'un contrat consenti en pleine connaissance de cause. C'est ce qui semble résulter du passage suivant de Cicéron (2) : « Quod si Aquiliana definitio vera est, ex omni vita *simulatio* tollenda est ; ita nec ut emat melius, nec ut vendat, quidquam *simulabit* aut *dissimulabit* vir bonus ; atque iste *dolus malus* etiam legibus erat vindicatus ut tutela ex duodecim tabulis, et *circumscriptio adolescentium ex lege Latoria* (*Plætoria*). »

La loi ouvrait un *judicium publicum* contre celui qui avait abusé du mineur : « Inde judicium publicum rei privatæ lege Lectoria (Plætoria) (3). »

Cette action pouvait être intentée par tout citoyen ; on comprend en effet, que si elle eût été réservée aux seules parties

(1) Verm. Schrift., t. 2, n° 18.
(2) *De Off.*, liv. 3, chap. 15.
(3) Cic. *De Nat. Deor.*, liv. 3, chap. 30.

leur faiblesse et leur inexpérience même les auraient empêchées de l'exercer.

Les conséquences du *judicium* de la loi Plætoria étaient la nullité de l'acte onéreux fait par le mineur, une peine pécuniaire et l'infamie pour le *circumscriptor*, ainsi que certaines incapacités particulières, comme, par exemple, celle d'être décurion dans les municipes ou les colonies. C'est à ce dernier point que se rapporte une phrase gravée sur la table d'Héraclée, monument trouvé au siècle dernier dans le golfe de Tarente : « Quive lege *Plætoria*, ob eam rem quod adversus eam legem fecit, fecerit, condemnatus est. » C'est depuis la découverte de ce fragment que l'on s'est définitivement arrêté au nom de *Plætoria* pour cette loi ; auparavant, comme en font preuve les passages de Cicéron que nous avons cités, on l'appelait indifféremment, *Lætoria*, *Latoria*, *Lectoria*.

On conçoit combien dans le système de cette loi, il était dangereux de traiter avec un mineur de vingt-cinq ans, car celui-ci pouvait toujours prétendre qu'on avait abusé de son inexpérience et soulever une question de *circumscriptio* ; aussi, afin de donner sécurité à ceux qui voulaient faire affaire avec un mineur, et pour assurer à celui-ci une garantie préventive plus efficace encore et plus commode dans la pratique que la garantie répressive dont nous avons déjà parlé, la loi, dans une de ses dispositions, permettait de nommer au mineur un curateur spécial pour l'affaire ; avec le consentement de ce curateur l'acte était inattaquable, et la question d'inexpérience, de *circumscriptio*, ne pouvait être soulevée.

C'est là, on le voit, un curateur nouveau, différent de celui que nous avons trouvé sous la loi des XII Tables ; ce n'est plus un gardien et un administrateur permanent et légal, c'est un conseil donné par le magistrat pour un acte déterminé.

Cet usage de donner un curateur spécial au mineur pour certains actes disparut avec le temps, alors que les protections se multiplièrent et devinrent plus énergiques. Une autre ressource que le mineur de vingt-cinq ans trouvait dans la loi Plætoria, devint aussi peu à peu inutile, en présence de nouvelles institutions, c'est l'*exceptio* tirée de la loi Plætoria, exception dont un texte de Paul (1) semble indiquer la trace, mais qui finit par se confondre tout à fait avec l'exception générale de dol.

CHAPITRE III.

RESTITUTIO IN INTEGRUM.

Bientôt après la loi Plætoria, mais sans que l'on puisse en déterminer exactement l'époque, la distinction introduite entre le mineur et le majeur de vingt-cinq ans prit une importance nouvelle par l'initiative du préteur.

On sait que l'édit du préteur indiquait certains cas pour lesquels le magistrat promettait, après examen préalable, de rescinder des obligations contractées valablement en droit civil, rétablissant ainsi les personnes dont il prenait l'intérêt en main dans l'état où elles eussent été si l'acte qui les avait lésées ne s'était pas produit. Ce moyen extraordinaire est connu sous le nom de *restitutio in integrum*; or, il y avait dans l'édit du préteur un chef de restitution relatif aux mineurs de vingt-cinq ans :

« Quod cum minore XXV annis natu gestum esse dicetur, uti quæque ea res erit, animadvertam. »

Nous trouvons là une protection bien plus énergique que celle de la loi Plætoria; c'est en quelque sorte la loi Plætoria étendue et généralisée par la jurisprudence constante des préteurs.

En effet, la loi n'avait d'application que dans le cas d'un dol et c'était au mineur à faire la preuve, ce qui pouvait quelque-

(1) Loi 7, § 1, *De except.*

fois être fort difficile; le préteur, au contraire, promet son intervention pour tous les cas dans lesquels, même sans mauvaise foi de la part des tiers, il y a eu pour le mineur une lésion résultant de son inexpérience. Cette jurisprudence *prétorienne* absorba la loi Plætoria et la fit oublier; tout le moyen âge et la plupart même des législations actuelles en ont subi l'influence; c'est de là qu'est venu l'adage *restituitur minor, non tanquam minor sed tanquam læsus.*

La *restitutio in integrum*, primitivement restreinte au cas que nous venons d'indiquer, reçut des extensions successives; nous donnerons plus loin quelques explications sur ce point.

Le préteur avait pour cette *restitutio in integrum* du mineur de vingt-cinq ans plus de latitude encore que pour les autres; on le comprendra facilement, si l'on remarque qu'il ne suffit pas que le fait de la minorité soit prouvé pour qu'il y ait lieu à annulation, il faut en plus apprécier la lésion, tandis que pour les autres causes de *restitutio*, la cause étant prouvée comme par exemple la violence, la *restitutio in integrum* doit être accordée.

Ce n'était là toujours qu'un moyen de réparation, et bien des circonstances pouvaient le rendre inutile; c'est ce qui arrivait quand celui contre lequel la restitution était donnée, se trouvait insolvable, ou bien encore quand la chose aliénée par le mineur avait disparu; alors la perte était irréparable pour lui. Une mesure de Marc-Aurèle donna au chef de la loi Plætoria qui constituait une garantie préventive, une extension analogue à celle que la *restitutio in integrum* avait donnée à la garantie répressive qui consistait dans l'annulation de l'acte.

CHAPITRE IV.

CURATELLE CONTINUE DES MINEURS DE VINGT-CINQ ANS.

L'historien Julius Capitolinus nous a laissé dans la vie de Marc-Aurèle le passage suivant :

« De curatoribus, cum antea non, nisi ex lege Lectoria (Plætoria) vel propter lasciviam, vel propter dementiam darentur, ita statuit, ut omnes adulti curatores acciperent, non redditis causis. » (1)

C'est une grande question que de savoir quel sens il convient de donner à ce passage et quelle en est la portée.

Heineccius y voit la preuve que la loi *Plætoria* parlait de trois sortes de curateurs : 1° des curateurs pour les adultes mineurs de vingt-cinq ans ; curateurs qu'on leur eût donnés quand la demande qu'ils en faisaient était fondée sur quelque motif raisonnable (*non nisi ex lege Lectoria*) ; 2° ceux qui étaient donnés par la loi des XII Tables aux prodigues (*propter lasciviam*) ; 3° ceux que la même loi donnait aux insensés (*propter dementiam*).

Nous ne pouvons accepter ce système ; ce que nous avons dit des dispositions de la loi Plætoria suffit d'ailleurs pour le faire pressentir. En effet : 1° les rares documents que nous possédons sur la loi Plætoria contredisent cette interprétation ; 2° le texte de J. Capitolinus ne paraît pas en lui-même devoir être entendu de la sorte.

1° L'économie même de la loi Plætoria ne comporte pas l'institution d'une curatelle continue ; les mesures énergiques dont Cicéron parle ne peuvent s'entendre que du cas où le mi-

(1) J. Capitolinus, *In Marco*, chap. 10.

neur a agi seul, car autrement ce n'eût pas été le mineur qui eût été *circumscriptus*, mais bien son curateur; l'hypothèse de la *circumscriptio* est donc, on ne peut le contester, celle d'un mineur ayant agi seul; or c'est toujours à une hypothèse de *circumscriptio* que se réfèrent les citations que les auteurs nous font de la loi Plætoria, en sorte que l'on pourrait dire, comme du reste Cicéron (1) semble l'indiquer, que la loi Plætoria était : *de circumscriptione adolescentium*.

Aucun texte, au contraire, ne nous montre qu'une autre hypothèse ait été prévue par la loi, comme une alternative, et que, au cas où le mineur n'a pas de curateur, elle ait jamais opposé le cas où le mineur en serait pourvu pour toute la durée de la minorité; et si nous voyons seulement les préteurs obliger quelquefois les mineurs à prendre un curateur pour un acte spécial, afin d'encourager les tiers à traiter avec eux, c'est, bien probablement, parce que la curatelle continue des mineurs n'existait pas, et pour remédier à cette lacune.

De plus, le préteur eût-il, si peu de temps après la loi Plætoria, introduit la *restitutio in integrum* pour les mineurs, si cette loi les eût déjà protégés par une curatelle continue? et ne savons-nous pas que la *restitutio ob ætatem* fut d'abord spécialement accordée à ceux qui n'avaient pas de curateur? Le préteur l'eût-il donc promise si les mineurs avaient pu, comme le prétend Heineccius, se faire donner des curateurs? Evidemment non, c'eût été les encourager à n'en pas prendre et substituer une mesure répressive toujours fâcheuse à une mesure préventive très-favorable. Les institutions prétoriennes avaient généralement pour but de pourvoir à un besoin que le droit civil n'avait pas satisfait; n'est-il pas très vraisemblable qu'ici, comme d'ordinaire, si le préteur prit une mesure réparatrice, c'est que l'inconvénient existait?

On ne doit pas opposer à notre opinion les textes de jurisconsultes antérieurs à Marc-Aurèle, qui présentent des mi-

(1) *De off.*, l. 3, ch. 15.

neurs de vingt-cinq ans comme ayant des curateurs ; nous avons vérifié que tous ces textes peuvent être entendus comme parlant soit des curateurs légitimes, soit des curateurs donnés au mineur pour une affaire spéciale. Nous n'avons vu cité par personne et nous n'avons pas trouvé nous-même un seul texte topique sur la question de la curatelle continue des mineurs de vingt-cinq ans sous Marc-Aurèle.

2° Il nous semble d'ailleurs que le passage de J. Capitolinus lui-même est parfaitement conforme au système que nous avons suivi :

« De curatoribus, cum antea non, nisi ex lege Plætoria, vel propter lasciviam, vel propter dementiam, darentur, ita statuit, ut omnes adulti curatores acciperent, non redditis causis. »

« Alors qu'avant lui, si ce n'est dans le cas de la loi Plætoria, les curateurs n'étaient donnés que pour prodigalité ou pour démence, il décida que tous les adultes en recevraient, sans motif spécial. »

Je vois au contraire dans ce texte la confirmation de notre opinion. Capitolinus semble ouvrir une espèce de parenthèse pour le cas de la loi Plætoria et le distinguer des deux autres cas, la prodigalité et la démence, qu'il met sur la même ligne en les faisant précéder tous deux du mot *vel*. C'est qu'en effet le cas du curateur de la loi Plætoria n'est pas du même ordre que celui du curateur du prodigue ou de l'insensé : le premier est un curateur spécial, les autres sont des curateurs généraux, continus; l'écrivain fait, avant de citer les deux curatelles antiques des lois décemvirales, une exception particulière pour la curatelle d'une loi postérieure.

Si j'avais à donner la formule exacte du système que j'ai déloppé jusqu'ici sur les curatelles, je dirais : Jusqu'à Marc-Aurèle, à part certains cas de curatelle spéciale en vertu de la loi Plætoria, on ne connaissait que les curatelles légitimes pour cause de prodigalité et de démence : il institua la curatelle continue pour les mineurs de vingt-cinq ans. N'est-ce pas précisément là le sens et presque les termes du passage de Capitolinus, et n'avais-je pas raison de dire que cet écrivain me fournit une preuve de plus ?

Il est à peine nécessaire de donner une explication sur les mots *non redditis causis* ; ils veulent manifestement exprimer cette idée que, si avant Marc-Aurèle, pour avoir un curateur, le mineur devait invoquer une raison particulière, soit la nécessité d'assurer pleine sécurité à un tiers qui ne veut pas contracter autrement, soit la prodigalité, soit la démence, à partir de ce prince tout mineur trouve dans sa minorité même le droit de se faire donner un curateur.

J'ai dit le droit, c'est qu'en effet, d'un côté, le curateur n'était pas imposé à l'adulte, et que, de l'autre côté, la minorité suffisait pour qu'on dût en donner un à celui qui le demandait.

Le curateur n'était point imposé à l'adulte : c'est un point hors de doute (1). On présente à tort plusieurs textes comme faisant antinomie, entre autres le Pr. des Inst. *De curat*, liv. 1, tit. 23, et la loi 1. § 3, *De min.* 4, 4. Ulp.

Le premier de ces passages peut parfaitement s'entendre du cas où les mineurs ont demandé un curateur; le second ne résiste pas non plus trop énergiquement à une interprétation pareille, et en tout cas il est seul.

Il est constant cependant que dans le dernier état du droit, les mineurs de vingt-cinq ans avaient presque tous des curateurs. Comment expliquer ce fait? pourquoi les jeunes gens à peine soustraits à la tutelle, ayant le droit de jouir librement de leur fortune, consentaient-ils à se priver ainsi de l'administration de leurs biens et à demander un curateur ? Pour expliquer ce résultat attesté par les textes, il n'est pas nécessaire de supposer chez les jeunes Romains une prévoyance et une raison dont les traditions se seraient perdues depuis. Non, des causes légales obligeaient les adultes à avoir des curateurs dans certains cas, par exemple :

(1) Inst., § 2, *De curat.*, 1, 23. — Dig., loi, 13, § 2, *De tut. et cur.*, 26, 5. Loi 2, §§ 4 et 5, *Qui petant*, 26, 6.

1° Pour recevoir un payement (1).
2° Pour soutenir un procès (2).
3° Pour recevoir les comptes de tutelle (3).

Le curateur donné d'office dans ces trois cas l'était temporairement il est vrai, mais souvent le désir de pouvoir choisir leur curateur eux-mêmes engageait les mineurs à prendre les devants et les faisait passer sur la nécessité de le garder jusqu'à vingt-cinq ans ; ils trouvaient aussi un puissant motif de demander un curateur dans le crédit beaucoup plus grand dont ils jouissaient quand ils en étaient pourvus.

Heineccius suppose que le curateur donné pour recevoir les comptes de tutelle restait en fonctions et continuait à administrer les biens jusqu'à la majorité; les textes qu'il invoque (4) ne sont pas suffisants pour établir cette doctrine; ce curateur est au contraire souvent présenté comme un curateur donné *ad certam rem*.

CHAPITRE V.

CONSTITUTION DE SÉVÈRE.

L'administration des curateurs avait, jusqu'à Sévère, été en quelque sorte sans limites; aucune garantie n'était donnée sous ce rapport à celui dont la fortune leur était confiée. Seulement, le *crimen suspecti* et *l'actio utilis negotiorum gestorum* servaient de répression quand un abus avait été commis.

En 195, une *oratio Severi,* discours de présentation d'une loi au nom de l'empereur Septime Sévère, fut lue au sénat sous le

(1) Loi 7, *De min.* 4. 4.
(2) Loi 2, §§ 4 et 5, *Qui petant.*, 26, 6.
(3) Loi 5, § 5, *De administ. et per. tut.*, 26, 7.
(4) Lois 5, § 5, et 33, § 1, *De admin. et per.*, 26, 7.

consulat de Tertillus et de Clemens ; elle s'exprimait en ces termes :

« Præterea, P. C, interdicam tutoribus et curatoribus ne prædia urbana vel suburbana distrahant, nisi ut id fieret parentes testamento vel codicillis caverint. Quod si forte æs alienum tantum erit ut ex rebus cæteris non possit exsolvi, tunc, prætor urbanus, vir clarissimus, adeatur, qui pro sua religione existimet quæ possint alienari obligarive debeant, manente pupillo actione, si postea potuerit probari obreptum esse prætori. Si communis res erit et socius ad divisionem provocet, aut qui pignori agrum a parente pupilli acceperit, jus exequetur, nil novandum censeo (1). »

Ce texte montre assez quelle innovation fut introduite dans dans le droit par le S. C. qui suivit cette *oratio*.

Cette défense faite au curateur était faite aussi bien au curateur du prodigue et du furieux qu'à celui du mineur de vingt-cinq ans (2) ; c'est même dans ces deux derniers cas qu'il y avait le plus d'intérêt à limiter les pouvoirs des curateurs, car la durée de la curatelle était indéfinie et l'état de l'incapable rendait de sa part le contrôle impossible ; double raison qui n'existe certainement pas au même degré dans la curatelle des mineurs de vingt-cinq ans.

Nous arrivons à l'époque de Justinien ; après bien des modifications successives le droit sur la curatelle est fixé ; il se trouve consigné dans les recueils de cet empereur : c'est là que nous allons l'étudier.

(1) Loi 1, § 2, *De reb. cor.* 27, 9.
(2) Loi 8, § 1, *De reb. cor.* 27, 9.

DEUXIÈME PARTIE.

Nous ne parlerons que de la curatelle *continue* ou *générale*, c'est-à-dire de celle qui confère au curateur l'administration des biens, et non de celle qui est spéciale à un certain objet, comme lorsqu'un curateur est donné à une personne pour faire un acte déterminé.

La curatelle, de même que la tutelle, est quelquefois qualifiée de *munus publicum*. C'est dans l'idée romaine une charge publique, une fonction civile, à l'exact accomplissement de laquelle tous les citoyens sont intéressés. Les excuses que l'on peut faire valoir pour s'y soustraire sont à peu près les mêmes que pour les autres charges publiques, seulement les textes nous font remarquer que dans ce cas-ci le mode de les invoquer n'est pas un appel (1). Cette idée, que la tutelle et la curatelle sont des charges publiques, s'est conservée jusque dans notre législation, et on l'invoque encore assez souvent dans les controverses sur cette matière.

Ce rapprochement n'est pas le seul à faire entre la tutelle et la curatelle; nous y reviendrons ailleurs; disons cependant que la curatelle, à Rome, était parfaitement distincte de la tutelle dans son origine et dans son caractère : le *consensus* du curateur ne saurait aucunement être assimilé à l'*auctoritas* du tuteur. La capacité de la personne qui est en curatelle présente aussi des règles tout à fait différentes de celles qui sont applicables à l'impubère en tutelle ; ce n'est que plus tard que l'assimilation des deux situations s'est consommée.

La curatelle peut être divisée de plusieurs manières :

A raison de son origine : elle est *légitime* quand elle dérive

(1) Loi 1, § 2, *Quando appell.*, 49, 4.

la loi des XII Tables, dans les cas de prodigalité et de folie; elle est *honoraire* quand elle est déférée par le magistrat (1). Nous avons vu que les cas de curatelle légitime étaient interprétés très-restrictivement; il fallait qu'il y eût des agnats ou des gentils, qu'ils fussent capables, et de plus, pour le cas de prodigalité, que le prodigue tînt ses biens *ab intestat* de son père; dans toutes les hypothèses fort nombreuses où ces circonstances ne se rencontraient pas c'était le préteur qui nommait le curateur. Du reste cette division n'a plus d'importance à notre époque et nous n'y insistons pas. Sous Justinien la curatelle légitime est rare, si même elle existe encore, car les rapports qui constituaient l'agnation se sont peu à peu perdus (2).

A raison de l'état différent des personnes qui sont soumises à la curatelle nous trouvons une division très-importante, qui nous fournira plusieurs chefs de développement. Nous traiterons successivement de la curatelle de l'insensé, de celle du prodigue, de celle du mineur de vingt-cinq ans. Voyons d'abord quelles sont les règles communes à toutes les curatelles.

CHAPITRE PREMIER.

Règles communes a toutes les curatelles.

Sont communes à toutes les curatelles les règles qui concernent.

1° La nomination du curateur.

2° L'administration du curateur.

3° Les garanties qui sont données à celui qui se trouve soumis à la curatelle.

(1) Ulp., tit. 12, § 1.
(2) Inst., liv. 1, tit. 23, § 3, *in fine*.

SECTION PREMIÈRE.

Nomination du curateur.

Nous prenons ici l'expression *nomination* dans un sens très-large pour rattacher sous cette division tout ce qui a trait au choix des personnes qui peuvent être curateurs; à la qualité des magistrats qui peuvent les nommer; aux excuses que ceux qui sont nommés sont en droit de faire valoir; aux incapacités dont ils peuvent être atteints.

Notre langue nous refuse une expression qui réponde à la généralité de la formule romaine, *qui sint curatores ;* c'est d'autant plus regrettable que les mots *nominatio tutoris* ou *curatoris* ont un sens tout spécial sur lequel nous entrerons dans quelques explications. Faisons enfin remarquer que l'expression, *nominatio curatoris* est tout à fait impropre dans le cas de la curatelle légitime, puisqu'alors les agnats et les gentils étaient curateurs de plein droit.

QUI PEUT ÊTRE CURATEUR.

Nous savons que les agnats et les gentils peuvent seuls être curateurs légitimes; au contraire, toute personne peut être choisie par le magistrat pour être curateur datif, à moins qu'elle ne soit incapable, qu'elle n'ait une excuse, ou qu'elle puisse invoquer un droit tout particulier et spécial à la tutelle et à la curatelle, *jus nominandi potioris.* Il faut distinguer avec soin ces trois hypothèses, et ne pas confondre, comme l'ont fait quelques commentateurs, l'incapacité et l'excuse. Que peuvent être les excuses qu'ils appellent nécessaires sinon des incapacités?

§ 1er *Incapacités.*

Les incapacités pouvaient être générales ou relatives.

On était absolument incapable de toute curatelle, soit à raison du défaut d'intelligence ou de la faiblesse d'esprit, soit à cause d'un état juridique qui ne permettait pas de remplir cette charge : ainsi étaient incapables, les furieux, les interdits, les impubères, les esclaves, les mineurs de dix-sept ans.

Il paraît que les femmes ont toujours été incapables d'exercer la curatelle (1) et qu'on n'étendit pas à cette fonction l'exception qui avait été admise, pour la tutelle ainsi que le montre le titre du Code : *Quando mulier tutelæ officio fungi potest* 5, 35 (2).

Le mineur de vingt-cinq ans est incapable depuis Justinien (3); avant cet empereur il était seulement excusable.

Certaines personnes étaient incapables d'une manière absolue, à raison de leurs mœurs, quoique juridiquement elles eussent l'exercice de tous leurs droits; il faut en dire autant de ceux qui ont été destitués de tutelles ou de curatelles précédentes (4).

Les militaires en service actif sont aussi incapables (5).

Les incapacités relatives résultaient de causes diverses.

Dans le principe, les jurisconsultes, et Celsus entre autres, avaient pensé inconciliable avec le principe de l'autorité paternelle que le fils fût curateur de son père furieux; mais Antonin décide au contraire qu'on doit choisir le fils plutôt qu'un étranger (6).

Celui qui avait épousé une femme était incapable d'en être

(1) Loi 21, pr. *De tut. et cur.*, 26, 5.
(2) Loi 18, *De tut.*, 26, 1.
(3) Inst. liv. 1, tit. 25, *De excusat.*, § 13.
(4) Loi 21, § 5, *De tut. et cur.*, 26, 5.
(5) Inst., liv. 1, tit. 25, *De excusat.*, § 4, loi, 4, Code, 5, 34.
(6) Loi 12, § 1, *De tut. et cur. datis*, 26, 5.

le curateur; le motif s'en conçoit facilement : curateur, il eût pu abuser de sa position de mari pour ne pas rendre compte. Le paragraphe pénultième du titre des Excuses aux Institutes indique à tort que c'est là non une incapacité, mais une excuse; des textes nombreux au Digeste et au Code ne laissent aucun doute à cet égard (1). C'était du reste, la réciproque d'une règle fondée sur le même motif, par laquelle il était défendu au curateur d'épouser la femme dont il avait administré les biens, à moins qu'elle ne lui eût été fiancée ou destinée par son père (2).

Un curateur n'était pas valablement donné par testament; mais il paraît que par respect pour l'autorité paternelle on considérait comme incapable d'être curateur du fils celui que le testament du père avait formellement exclu de cette fonction (3).

Enfin une Novelle défend de donner pour curateur celui qui est créancier ou débiteur de la personne soumise à la curatelle (4).

Remarquons, avant de clore la liste de ceux qui sont incapables d'être curateurs, que le magistrat ne pourrait nommer un curateur en dehors de ses administrés; mais, à vrai dire, c'est plutôt là un cas de nomination nulle qu'un cas d'incapacité (5). Il en serait de même si le président se donnait lui-même pour curateur : les abus eussent été trop fréquents. Le même motif avait fait défendre aux présidents de province d'épouser une de leurs administrées, et de se donner pour juge aux parties, ou même de se laisser choisir pour arbitre dans un procès (6).

(1) Loi 2, Code, *Qui dare tut.*, 5, 34; Loi 1, § 5, *De excusat.*, 27, 1; Loi 14, *De cur. fur.*, 27, 10.

(2) Lois 36, 60, § 5, 64, *De jure dot.*, 23, 2. — Code, tit. 2 du liv. 5. *Vat. Fragm.*, 200, 201, 202.

(3) Loi 21, § 2, *De tut. et cur.*, 26, 5.

(4) 72, chap. 2.

(5) Loi 1, § 2, et loi 3, *De tut. et cur.*, 26, 5.

(6) Loi 4, *De tut. et cur.*, 26, 5.

§ 2. *Excuses.*

L'excuse est une pure faculté ; celui qui a le droit de l'invoquer peut aussi y renoncer ; elle n'emporte pas, comme l'incapacité, exclusion nécessaire de la curatelle.

La partie du droit romain relative aux excuses qui dispensent de la tutelle ou de la curatelle a reçu beaucoup de développements. Un jurisconsulte, Herennius Modestinus, écrivit sur ce sujet au commencement du troisième siècle de J.-C., un livre intitulé : *Excusatio tutelæ vel curatoriæ.*

Des textes très-nombreux sur cette matière se trouvent aussi dans les fragments du Vatican découverts au commencement de ce siècle (§ 123 — 248). Un titre très-étendu au Digeste (1) et plusieurs titres au Code (2) fournissent en outre beaucoup de renseignements. Il semble qu'à partir de Marc-Aurèle surtout, c'est-à-dire à partir de l'époque où la curatelle des mineurs de vingt-cinq ans est devenue continue, les Romains aient attaché beaucoup d'importance à cette partie du droit.

Jusqu'à Marc-Aurèle, au contraire, on s'en était peu occupé, à cause peut-être de la rareté des cas de curatelles, qui n'avaient lieu que pour prodigalité ou folie, et peut-être aussi parce que les lois Atilia, et Julia et Titia n'avaient pas de sanction, en ce sens que le tuteur ou curateur nommé ne pouvait pas être forcé d'accepter ; un simple refus suffisant, on comprend qu'il ne devait pas y avoir d'intérêt à préciser les causes d'excuse (3).

Les excuses sont fort nombreuses et peuvent être classées de différentes manières.

Certaines excuses étaient *absolues* et dispensaient de toute tutelle, d'autres n'étaient que *relatives* et spéciales, à raison de

(1) Liv. 27, tit. 1.
(2) Liv. 5, tit. 62-70.
(3) Inst. § 3, *De Atiliano tutore*, liv. 1, tit. 20.

la nature particulière des rapports existant entre deux personnes dont on aurait voulu donner l'une pour curateur à l'autre.

Quelques excuses ne pouvaient être invoquées que pendant un certain temps : elles étaient *temporaires*; d'autres, au contraire, étaient des excuses *perpétuelles*, et dispensaient celui qui les invoquait, à quelque époque qu'il les fît valoir.

On les distinguait encore à une autre point de vue ; les unes étaient dites : *tam a suscepta tutela vel cura quam a suscipienda*, en ce sens qu'elle servait aussi bien à faire décharger d'une tutelle ou curatelle pendant le cours de la gestion, qu'à faire dispenser d'une tutelle ou d'une curatelle nouvelle; d'autres étaient des excuses *a suscipienda sed non a suscepta tutela vel cura* : elles exemptaient de curatelles nouvelles, mais non de celles qu'on exerçait déjà.

Une dernière division des excuses se tirait de cette circonstance, que l'excuse dispensait tantôt de l'administration de tous les biens, tantôt de l'administration d'une partie seulement : par exemple, de ceux qui se trouvaient situés dans un pays trop éloigné; à ce point de vue, l'excuse était *totale* ou *partielle*.

Voici, suivant l'ordre dans lequel les Institutes les présentent, les cas d'excuse qui sont le plus fréquemment cités dans les textes.

1° *Excusatio propter liberos*. Cette excuse se rattache au système de protection et de faveur par lequel les lois Papia Poppæa et Julia entourèrent le mariage et encouragèrent la fécondité. Elle fut peut-être introduite par l'une de ces lois. L'intitulé de la loi 18, *De Excusat.*, liv. 27., tit. 1., d'Ulpien, *Ad legem Juliam et Papiam*, liv. 20, semblerait le faire croire. C'est d'ailleurs là, en quelque sorte, la réciproque de la dispense de tutelle perpétuelle accordée aux femmes dans le même but par ces lois (1).

(1) Gaïus, 1, 145.

Il faut, pour être dispensé, avoir : à Rome, trois enfants ; en Italie, quatre ; dans les provinces, cinq.

Les petits-fils ne comptent que pour le père dont ils sont nés (1).

Les enfants légitimes comptent seuls (2).

Les enfants adoptifs ne sont pas utiles à l'adoptant, mais ils servent au père naturel (non adoptif) qui les a donnés en adoption.

Ceux qui sont morts à la guerre sont réputés vivre, et comptent (3).

Il n'est, du reste, aucun besoin que les enfants se trouvent sous la puissance de celui auquel ils fournissent un motif d'excuse (4).

Le *jus liberorum* obtenu par décret du prince ne sert pas pour excuser de la tutelle. La faveur ainsi obtenue relativement aux excuses de tutelle, comme relativement aux excuses des autres charges publiques, se prenait *stricto sensu* (5).

Il est curieux de faire remarquer que Rome sous Justinien même (6) conserve encore son privilége, quoique l'Italie soit au pouvoir des Ostrogoths et que depuis bientôt deux siècles le siége de l'empire ait été transféré à Constantinople.

2° *Excusatio ejus qui res fisci administrat.* Celui qui administre les revenus de l'État a une excuse temporaire pendant la durée de sa fonction. Cette excuse est absolue et dispense aussi bien *a suscepta* que *a suscipienda*, ainsi que l'a décidé Marc-Aurèle dans les *Semestria consilia* (7).

Il y a aussi excuse pour ceux qui administrent le bien du

(1) Vat., 198.
(2) Loi 2, § 3, *De Excusat.* 27, 1.
(3) Inst., pr., *De Excusat.*, liv. 1, tit. 25.
(4) Vat. 194.
(5) Vat. 170.
(6) Loi 1, Code, *Qui numero lib.*, 5, 66.
(7) Loi 10, Code, *De excusat.*, 5, 62 ; loi 26, *De excusat.*, 27, 1.

prince, car déjà depuis longtemps la confusion est faite entre le *fiscus* et l'*ærarium* (1).

3° *Excusatio absentis reipublicæ causa*. Ceux qui sont absents pour le service de la république ne peuvent être nommés à de nouvelles tutelles ou curatelles, ni pendant leur absence, ni pendant l'année qui s'écoule depuis leur retour. Quant aux tutelles ou curatelles dont ils étaient déjà chargés, ils ne peuvent s'en excuser que pour le temps de leur absence; dès leur retour, ils doivent en reprendre l'administration; Papinien avait pensé que dans ce cas aussi il fallait leur donner un an, mais Justinien repousse cette opinion (2).

4° *Excusatio ejus qui potestatem aliquam habet*. Celui qui exerce une fonction, qui est investi de quelque pouvoir public est dispensé de tutelles ou curatelles nouvelles pendant la durée de sa fonction, mais ils n'est pas excusé pour celles dont il était déjà chargé (3). Il est à peine nécessaire de dire que toutes les fonctions publiques ne sont pas comprises dans les mots, *aliquam potestatem* et ne dispensent point. Il suffirait de citer la tutelle et la curatelle qui sont elles-mêmes des *munera publica*. Ici *potestas* est une délégation de l'autorité imperiale, une partie de la puissance publique.

5° *Excusatio propter litem*. La personne qui a avec l'incapable un procès portant sur tous ses biens ou sur une hérédité peut se faire excuser (4). Dans une Novelle, Justinien décide qu'il suffit d'être créancier ou débiteur de la personne soumise à la tutelle ou à la curatelle pour être incapable (5). Nous avons déjà mentionné cette disposition.

6° *Excusatio propter tria onera tutelæ vel curæ non adfectatæ*. Celui qui administre déjà trois tutelles ou trois curatelles a

(1) Loi 41, *De excusat.*, 27, 1.
(2) Inst., liv. 1, tit. 25, § 2. Code, loi, 2, *Si tutor. vel cur.*, 5, 64.
(3) Inst., liv. 1, tit. 25, § 1.
(4) Inst., liv. 1, tit. 25, § 4, loi 21, *De excusat.*, 27, 1. loi 16, Code, *De excusat.*, 5, 62.
(5) Novelle, 72, chap. 1.

une excuse pour ne pas en accepter une quatrième, mais il faut qu'il n'ait recherché aucune de celles dont il est chargé. A vrai dire, c'est plutôt trois patrimoines distincts que trois tutelles ou curatelles qu'il faut administrer pour jouir du bénéfice de l'excuse; ainsi, le tuteur de plusieurs frères dont les patrimoines sont encore indivis pourrait être regardé comme n'exerçant qu'une tutelle; et d'un autre côté, dans l'admission des excuses, le préteur doit tenir compte des difficultés toute particulières que peuvent présenter certaines tutelles ou curatelles. *Tutelæ potius ponderantur quam numerantur.* Un texte (1) nous fait observer très-justement que l'on ne devrait pas considérer comme exerçant une tutelle, celui qui a fait abstenir son pupille des biens paternels et a par conséquent un pupille sans patrimoine.

Il faudra comprendre dans les termes *tutela vel cura adfectata* et ne pas regarder comme servant à l'excuse, la tutelle ou la curatelle qui sans avoir été précisément sollicitée n'a cependant pas été repoussée quand elle pouvait l'être (2).

Remarquons enfin qu'on ne peut s'excuser en prétendant combiner plusieurs motifs d'excuse dont chacun séparément est insuffisant. Ainsi celui qui aurait deux enfants et serait deux fois tuteur, ne pourrait invoquer une excuse *a pari* ou *a fortiori* du cas où il aurait trois enfants ou serait trois fois tuteur (3).

7° *Excusatio propter paupertatem.* Marc-Aurèle et Lucius Verus (*Divi fratres*) ont décidé qu'on pouvait invoquer la pauvreté comme cause d'excuse; elle n'emportait donc pas par elle-même incapacité (4).

8° *Excusatio propter valetudinem.* Pour cette excuse, comme pour la précédente, le préteur a le plus large pouvoir d'appréciation (5).

(1) Loi 31, § 1, *De excusat.*, 27, 1.
(2) *Vat.* 188.
(3) Loi 1, Code, *Qui numero tut.*, 5, 75.
(4) Inst. *loc. cit.*, § 6. Loi 7, *De excusat*, 27, 1.
(5) Inst. *loc. cit.*, § 7. Code, loi uniq., *Qui morbo se excus.*, 5, 67.

9° *Excusatio ejus qui litteras nescit.* Ici encore le magistrat aura toute latitude : il est des curatelles telles que les connaissances les plus bornées suffisent pour s'en acquitter (1).

10° *Excusatio ejus qui propter inimicitiam testamento patris tutor datus est.* Les Institutes supposent ici un cas tout spécial. Le père, pour imposer une charge onéreuse à son ennemi, l'a nommé, dans son testament, tuteur de ses enfants (2). Nous savons qu'il n'y a pas de curateur testamentaire, mais que le curateur ainsi donné par le père est en général confirmé par le magistrat. L'excuse peut donc être admise à plus forte raison encore que dans le cas de tutelle.

Des inimitiés capitales ou une contestation d'état entre les familles seraient aussi des cas d'excuse (3).

11° *Excusatio propter ætatem.* Le majeur de soixante-dix ans peut s'excuser de la tutelle et de la curatelle. Les pubères mineurs de vingt-cinq ans étaient excusés avant Justinien qui décide qu'ils sont incapables (4).

12° *Excusatio veteranorum.* Nous avons vu que le militaire en activité de service est incapable (5). Ceux qui ont reçu un congé honorable après vingt ans de service sont dispensés. On avait seulement admis qu'ils étaient forcés d'accepter quand c'était la tutelle ou la curatelle du fils d'un compagnon d'armes (6). Celui qui n'a pas vingt ans de service jouit du bénéfice de l'excuse pendant un délai qui varie de un à quatre ans à partir de son congé proportionnellement au temps de son service (7).

13° *Excusatio, grammatici, rhetoris, medici, qui in sua pa-*

(1) § 8, Inst. Loi 6, § 19, *De excusat.*, 27, 1.
(2) § 9.
(3) § 10, 12, loi 6, § 17, 18, *De excusat.*, 27, 1.
(4) § 13. Loi uniq., Code, *Qui ætate se excus.*, 5, 68.
(5) § 14.
(6) Lois 1 et 2, Code, *De excusat. vet.*, 5, 65.
(7) Loi 8, *De excusat.*, 27, 1.

tria exercet et intra numerum... est (1). Une constitution d'Antonin le Pieux avait fixé le nombre de personnes qui pouvaient exercer l'une de ces professions. Ceux qui se trouvaient ainsi dans le nombre reconnu étaient dispensés des charges publiques. Modestin nous rapporte cette constitution (2). Il est curieux d'y voir la proportion que les villes, grandes, moyennes et petites, doivent conserver dans le nombre de leurs médecins, de leurs sophistes et de leurs grammairiens; l'empereur semble distinguer entre les philosophes et les sophistes; il ne fixe pas de limites au nombre des philosophes, parce que, dit-il, ils sont fort rares: il en détermine au contraire une pour les sophistes; c'est que probablement la même pénurie ne se faisait pas sentir.

Il fallait pour jouir de l'immunité se faire inscrire au nombre des titulaires par décret du Sénat; c'était donc une espèce de charge; on exigeait du fonctionnaire de l'exactitude dans son service à peine d'être rayé, car, dit un passage, de ce que pendant longtemps un médecin a été maintenu sur la liste, il ne s'ensuit pas que l'on ne puisse le destituer.

11° *Excusatio ingenui qui libertino tutor datus est.* Cette excuse, fondée sur la différence de qualité entre le tuteur et le pupille est probablement aussi applicable à la curatelle. Rien ne porte à croire, dans les deux lois qui en font mention, qu'elle fût spéciale à la tutelle (3).

A la différence de ce que nous avons vu pour le *jus liberorum*, obtenu par rescrit du prince, le *jus annulorum*, obtenu par décret, emporte excuse.

Cette excuse formulée par Marc-Aurèle n'est, du reste, qu'une application d'un système général qui semblait vouloir concentrer dans la classe ou dans la corporation la tutelle ou la curatelle des personnes de cette classe ou de cette corpo-

(1) § 16.
(2) Loi 7, *De excusat.*, 27, 1.
(3) Loi 44, *De excusat.*, 27, 1. Loi 3, Code, *De excusat.*, § § 62.

ration. C'est ainsi que les causes d'excuse étaient moins facilement admises quand celui qui se trouvait appelé à la tutelle ou à la curatelle appartenait à la même classe que l'incapable ou que ses parents. La même tendance se manifeste encore dans des exceptions de faveur par lesquelles les habitants de certaines villes étaient dispensés de toutes tutelles ou curatelles autres que celles de leurs concitoyens. C'est un privilége dont jouissait la ville d'Illium (1).

Un affranchi n'était pas admis à faire valoir une excuse en présence du testament de son patron qui le nommait tuteur, de même un affranchi désigné pour curateur ne pouvait se faire dispenser lorsque le magistrat confirmait l'expression du désir de son patron (2).

Quelles étaient les formes et la procédure à suivre pour faire valoir l'excuse devant le magistrat ?

Et d'abord, l'excuse étant une faculté, on présumait facilement la renonciation qui pouvait être faite tacitement, soit lorsque le curateur s'était immiscé dans les affaires de l'incapable, soit lorsqu'il avait excipé d'un droit particulier, dont nous parlerons tout à l'heure, *jus nominandi potioris*, soit enfin lorsqu'il avait laissé passer un certain délai (3).

Si l'on a plusieurs excuses à faire valoir, il n'est pas absolument indispensable de les présenter toutes ensemble ; mais celles qui ne sont pas invoquées en temps utile ne peuvent plus l'être, et la présentation d'une ou plusieurs excuses pendant le délai légal n'en arrête pas le cours et ne fait pas attendre les autres.

Ce délai est de cinquante jours continus à partir du moment où l'on sait que l'on est donné pour curateur, lorsque l'on ne

(1) Loi 17, § 1, *De excusat.*, 27, 1.
(2) Loi 3. Code, *De excusat.*, 5, 62.
(3) Loi 62, Code, *Si tutor. vel. cur.*, 5, 63.

demeure pas à plus de quatre cents milles du lieu où la nomination a été faite; si l'on demeure plus loin, il faut ajouter un jour par trente milles. Telle est la règle, et elle est très-simple; mais ce n'est pas ainsi qu'elle est exposée aux Institutes. Justinien, en effet, commence par dire que le délai est de cinquante jours, quand on ne demeure pas à plus de cent milles; il ajoute ensuite que si la distance est de plus de cent milles, il faudra compter un jour par vingt milles, plus trente jours, ce qui donnerait pour tous ceux qui demeurent plus loin que cent milles et moins loin que quatre cents milles un délai qui varierait de trente-cinq à cinquante jours, de sorte qu'ils auraient moins de temps que ceux qui habitent moins loin; mais l'empereur corrige cette anomalie, en disant que jamais le délai ne sera moindre que cinquante jours; ainsi rétablie, la règle devient celle que nous avons posée en commençant.

Cette indication très-vicieuse du délai datait d'une constitution de Marc-Aurèle; mais les jurisconsultes Paul, Ulpien, Scævola, etc., avaient tous décidé que malgré les termes de la loi, il y avait lieu de rétablir, sinon la proportionnalité, au moins l'égalité entre ceux qui demeuraient dans un rayon de quatre cents milles (1).

En général, quand on voulait se faire exempter d'une charge publique à laquelle on était appelé par le magistrat, le moyen de faire valoir son droit était l'appel au magistrat supérieur; il n'en était pas ainsi pour les excuses de tutelle ou de curatelle; celui qui a droit d'invoquer une excuse doit la faire connaître au magistrat même qui l'a nommé, c'est ce que les textes appellent *ad judicem accedere et causam remissionis nominare*; ce n'est que si le magistrat persiste dans son choix que la voie de l'appel est ouverte (2).

Si au lieu d'une excuse nous supposons une *datio curatoris*

(1) Loi 13, Modestin., *De excusat.*, 27, 1.

(2) Inst., liv. 1, tit, 25, § 16. Loi 13, pr. *De excusat.*, 5, 62. Loi 1, § 1 et 2, *Quando appell. sit.*, 49, 4. Loi 18, Code, *De excusat.*, 5, 62.

nulle, il n'y aura aucune réclamation à faire, il suffira d'attendre, de ne pas s'immiscer et d'exciper de la nullité si l'on est poursuivi (1).

Lorsqu'un curateur s'est fait dispenser en alléguant des causes d'excuse mensongères, il n'est pas déchargé de la responsabilité, et celui dont il a ainsi compromis les intérêts pourra se faire indemniser (2).

§ 3. *De jure nominandi potioris.*

Le droit dont nous avons à parler maintenant était tombé en désuétude sous Justinien aussi trouvons-nous fort peu de renseignements dans ses recueils ; les fragments du Vatican nous donnent seuls quelques détails.

Le *jus nominandi potioris* était un moyen autre que l'excuse de se soustraire à la charge d'une tutelle ou d'une curatelle. Celui qui était nommé tuteur ou curateur par le magistrat pouvait dans certaines cas, en dehors même des causes d'excuse que nous avons énumérées plus haut, désigner, *nominare*, une ou plusieurs personnes comme plus propres, *potiores*, que lui à s'acquitter de cette mission. Ce *jus nominandi potioris* ne pouvait être exercé que par un curateur honoraire, non par un curateur légitime ; en effet, si l'on pouvait désigner au magistrat une personne autre que celle sur laquelle son choix s'était porté, on conçoit parfaitement qu'on ne pût pas le faire quand c'était la loi elle-même qui avait fait le choix ; de plus, le curateur légitime était toujours, nous l'avons vu, un proche parent, or, le but principal de la *nominatio potioris* était précisément de resserrer dans le cercle de la parenté ou du moins de la classe et de la corporation, la nomination de ceux qui devaient être

(1) Loi 13, § 12, *De excusat.*, 27, 1.

(2) Inst., liv., 1, tit., 25, § 20. Loi 1, Code, *Si tutor. vel cur. falsis alleg.*, 5, 63.

tuteurs ou curateurs. C'est ce que va nous montrer l'examen des personnes qui peuvent *potiores nominari* et de celles qui peuvent *potiores nominare*.

Un fragment de l'*oratio Severi* nous dit (1) : La faculté de *nominare potiores*, si elle n'est restreinte à certaines limites, serait très-préjudiciable à la fortune des pupilles (ou des adultes en curatelle.) Le moyen d'y remédier est de refuser cette *potioris nominatio* à tous ceux qui sont parents ou alliés, soit par le père, soit par la mère, au degré fixé comme limite des *excepti* par les lois Julia et Papia, ainsi qu'aux collègues du père ou du pupille dans la curie ou la corporation ; et d'un autre côté, de ne permettre à ceux qui conservent le *jus nominandi* de nenommer *potiores* que les personnes que nous venons d'indiquer ; le voisinage ne devant du reste jamais être un motif pour nommer quelqu'un *potiorem*.

On voit bien le double système de restriction ; d'une part, certaines personnes données pour curateur par le magistrat ne peuvent *nominare potiorem*, d'autre part ces mêmes personnes sont les seules qui, lorsqu'il y a lieu a une *nominatio potioris*, puissent être désignées.

Parmi ces personnes figurent les *excepti* des lois Julia et Papia : ce sont tous les parents ou alliés jusqu'au sixième degré, et au septième celui qui est né d'un *sobrinus* ou d'une *sobrina*, pour la loi Julia ; la loi Papia, paraît-il, avait de plus excepté des rigueurs des lois caducaires toutes personnes ayant été mari ou femme, gendre ou beau-père, bru ou belle-fille (2). Il était juste que la législation nouvelle créant des classes de favorisés imposât aussi des obligations particulières à ces personnes. Ce n'est du reste qu'une application du principe : *ibi onus tutelæ ubi emolumentum successionis*.

L'effet du *jus nominandi*, quant au choix des personnes, rapprochait, on le voit, un peu la curatelle honoraire de la cura-

(1) Vat. 158.
(2) Vat. 216, 217.

telle légitime ; les mêmes raisons qui firent disparaître la curatelle légitime firent disparaître aussi le *jus nominandi*, avec le temps les liens de famille, et surtout ceux qui unissaient les membres des corporations, vinrent à se relâcher, et sous Justinien il n'est plus question de ce droit.

Le *potior nominatus* pouvait à son tour *nominare potiorem* jusqu'à ce que de *nominatio* en *nominatio* on arrivât à celui qui n'avait plus aucune cause de dispense à faire valoir (1). Des retards et une incertitude fâcheuse étaient la suite de ce système. C'est probablement à cause de ces inconvénients que l'on considéra toujours le *jus nominandi* comme une faculté exceptionnelle, tandis que l'excuse était de droit commun. Ceci ajouté à cette considération, que l'excuse est purement volontaire et que la renonciation s'en présume facilement, fit admettre que l'excuse devait toujours être présentée la première, avant la *nominatio potioris*, et que si l'on commençait par *nominare* on se trouvait par cela seul forclos quant à l'excuse (2).

Le délai était de cinquante jours comme pour les excuses ; pendant ce temps celui qui avait été désigné par le magistrat ou *potior nominatus* par un tiers (3) pouvait successivement nommer plusieurs *potiores* (4). Il fallait dans la requête (*libelli*) que l'on adressait au magistrat indiquer les titres qui rendaient *potior* celui que l'on voulait se substituer; on devait, par exemple, préciser sa parenté, ses relations, sa fortune, dire s'il était chevalier, etc. (5). Le magistrat admettait la *nominatio* par des *litteræ rescriptæ* (6).

(1) *Sent.*, Paul, liv. 2, tit. 28.
(2) Vat. 207.
(3) Vat. 206.
(4) Vat. 164.
(5) Vat. 166, 210.
(6) Vat. 163.

QUI DONNE LES CURATEURS.

Il est essentiel, pour éviter toute obscurité en cette matière, de bien déterminer les expressions dont on se sert ordinairement et qui ont un sens tout spécial. Les Romains n'employaient le mot *nominare tutorem* que dans une acception très-restreinte; la *nominatio tutoris*, c'était la désignation de la personne capable d'être tuteur, par le magistrat inférieur qui se livrait dans ce but à une espèce d'enquête; à la *nominatio tutoris vel curatoris* on opposait la *datio tutoris*, *vel curatoris*, faite par le magistrat supérieur, préteur ou président de province. La *datio tutoris*, était la véritable nomination, l'investiture officielle succédant à la simple présentation.

Occupons-nous d'abord de la *datio curatoris.*

§ 1. *Datio curatoris.*

Le droit de donner un curateur *jus dandi curatorem*, n'est dans les attributions ni de la *jurisdictio* ni de l'*imperium;* il faut qu'une loi, un sénatus-consulte, ou une constitution impériale l'ait formellement conféré au magistrat, et celui-ci ne peut ni déléguer ce pouvoir ni l'exercer par mandataire.

Ce droit n'est pas toujours resté dans les attributions des mêmes magistrats: Justinien nous fait connaître ces variations (1).

La première loi qui se soit spécialement occupée de la *datio tutoris* est une loi Atilia dont il est difficile de préciser la date. Un passage de Tite-Live nous révèle son existence en l'an 557. U. C. Cet auteur, en effet, parlant de l'affranchie Hispala Fecenia qui vivait à cette époque, nous dit (2) : *Post*

(1) Inst., pr., *De Atil. tut.*, liv. 1, tit, 20.
(2) 39, 9.

patroni mortem quia nullius in manu esset, tutore a tribunis et prætore petito... » On peut croire que cette mention des dispositions mêmes de la loi Atilia n'est pas fortuite; à moins cependant que l'on admette que la loi Atilia se serait bornée à consacrer un état de choses déjà existant. C'est pour cela probablement que M. Haubold l'indique comme douteuse à partir de cette époque. Quant à Heineccius dans ses *Antiquités romaines*, il lui donne pour date l'an 443, présomption qui n'est fondée que sur la coïncidence du nom d'un tribun, Atilius Regulus.

La loi Atilia disposait que le tuteur serait donné à Rome par le préteur urbain avec la majorité des tribuns.

Cette attribution du *jus dandi tutorem* ou *curatorem* est fort curieuse, arrêtons-nous-y un instant.

Les tribuns étaient au nombre de dix, chacun d'eux avait par un droit de *veto* absolu le pouvoir d'arrêter l'exécution d'une mesure quelconque, eût-elle été prise par le Sénat. C'est cet acte de *veto* du tribun que l'on nomme proprement *intercessio*. Il est évident d'après la disposition même de la loi Atilia que ce droit de *veto* ne pouvait s'exercer relativement à la *datio tutoris*, car il eût alors fallu l'unanimité, ou que du moins pas un n'opposât son *veto*; or la loi parle seulement d'une majorité; la majorité n'aurait pas été à considérer si le *veto* d'un seul avait suffi pour empêcher la *datio*. Cette exception au droit inviolable d'*intercessio* des tribuns est remarquable, en raison précisement de l'effet tout-puissant que l'*intercessio* avait même dans les questions de justice privée. L'exemple suivant que nous fournit Aulu-Gelle (1) en donnera une juste idée :

L. Scipion l'Asiatique, frère de l'ancien P. Scipion l'Africain, condamné à une amende par un tribun du peuple était vivement poursuivi et même sur le point d'être mis en prison ; il se refusait cependant toujours à donner une caution. Scipion l'Africain, au nom de son frère, fait appel au collége des tribuns et leur demande de soustraire aux poursuites de leur collègue un

(1) *Nuits Attiques*, liv. 7, chap. 19.

consulaire illustré des triomphes les plus éclatants; huit tribuns prennent connaissance de l'affaire et rendent le décret suivant qu'Aulu-Gelle a extrait des annales mêmes :

« Quod, P. Scipio Africanus postulavit pro L. Scipio Asiatico fratre, cum contra leges contraq. morem majorum tribunus plebei hominibus accitis per vim inauspicato sententiam de eo tulerit multamq. nullo exemplo irrogarit prædesq. ob eam rem dare cogat aut si non det in vincula ire jubeat, ut eum a collegæ vi prohibeamus; et quod, contra collega postulavit, ne sibi intercedamus quominus suapte potestate uti liceat, d. e. r. nostrum sententia omnium data est : Si L. Cornelius Scipio Asiaticus collegæ arbitratu prædes dabit, collegæ ne eum in vincula ducat, intercedemus; si ejus arbitratu prædes non dabit, quominus collega sua potestate utatur, non intercedemus. »

Après cet arrêt, le tribun ordonne d'arrêter Scipion; alors Tib. Sempronius Gracchus, qui était le dixième tribun et n'avait pas encore pris part à la décision ci-dessus, se lève tout à coup; il commence par jurer devant le peuple que sa haine invétérée et bien connue contre Scipion est toujours la même et qu'il ne s'est pas réconcilié avec lui, puis il ajoute qu'il ne peut cependant s'empêcher de porter la sentence dont voici les termes :

« Cum L. Cornelius Scipio Asiaticus triumphans hostium duces in carcerem conjectaverit alienum videtur esse dignitati reipublicæ in eum locum imperatorem populi romani duci in quem locum ab eo conjecti sunt duces hostium; itaq. L. Cornelium Scipionem Asiaticum a collegæ vi prohibeo. »

C'est assurément là un des plus beaux exemples à citer du droit d'*intercessio* des tribuns. On voit quelle puissance il mettait entre leurs mains; mais il est facile de comprendre qu'on n'en eût pas admis l'application à une question simple, journalière et qui ne comportait pas de retards prolongés comme la *datio tutoris vel curatoris*.

La loi Atilia n'avait d'effet que pour l'Italie; sous Auguste une loi nouvelle confirma ces dispositions et établit de plus que dans les provinces le curateur serait donné par le président. Cette seconde loi est toujours appelée lex *Julia et Titia* au singulier; un passage assez obscur de Théophile semblerait seul indiquer qu'il y en eut deux, une loi Julia et une loi Titia.

Ni la loi Atilia, ni la loi Julia et Titia n'avaient édicté de sanction pour le cas où le tuteur ou le curateur nommés par le préteur ou le président auraient refusé de gérer; on a indiqué d'après Justinien (1) cette omission comme la cause d'un changement de législation qui eut lieu sous Claude. C'est assez peu probable; je croirais plutôt que c'est à la disparition des tribuns sous l'empire, qu'il faut attribuer la nouvelle législation sur la *datio tutoris*.

D'après le S. C. Claudien, ce sont les consuls qui donnent les tuteurs et les curateurs, *sanxit Claudius ut pupillis extra ordinem tutores a consulibus darentur* (2). C'est là un retour à l'ancien état de choses. Avant la loi Atilia et les préteurs, alors que les consuls étaient en possession de la totalité des attributions qu'ils avaient trouvées dans l'héritage des rois, ce droit leur appartenait; vers 387 U. C. les fonctions judiciaires furent transportées au préteur, et les consuls restèrent dans la sphère presque exclusive des fonctions administratives. Au commencement de l'empire, les consuls perdent en fait les pouvoirs qu'ils avaient exercés jusque-là; aussi, on leur rend une certaine juridiction très-limitée, comme, par exemple, la connaissance des questions de fidéicommis (3) sous Auguste, la *datio tutoris* sous Claude.

Ce second droit ne leur fut pas laissé longtemps, on le conféra en effet à un préteur exclusivement chargé de ce soin et appelé *prætor tutelaris*. Ceci nous amène à Marc-Aurèle.

Sous Justinien, nous trouvons un nouvel état de choses; à Rome, c'est le préfet de la ville ou le préteur, dans les provinces

(1) Inst., § 3, *De Atiliano tut.*, liv. 1, tit. 20.
(2) Suét. *In Claud.*, chap. 23.
(3) Inst., pr., *De fideicomm.*, liv. 2, tit. 23.

ce sont les magistrats municipaux sur l'ordre du président, qui donnent les curateurs. A quelle époque remonte cette nouvelle attribution de la *datio tutoris?* On ne peut au juste en fixer la date, mais il semble certain qu'elle existait sous l'empereur Sévère, au commencement du troisième siècle; l'organisation de Marc-Aurèle n'avait donc pas été de longue durée; c'est ce qu'attestent de nombreux fragments (1).

Comment à Rome, le préfet de la ville et le préteur *tutelaris* concouraient-ils à la *datio?* Justinien nous dit : *Secundum suam jurisdictionem*, ce qui indique une division d'attributions entre eux; ce n'est pas une division territoriale, car chacun d'eux avait pouvoir sur toute la ville. Théophile dans sa paraphrase nous donne le sens de ces termes, *secundum suam jurisdictionem* : le préfet et le préteur conjointement pour les personnes illustres, le préteur seul pour les autres.

Dans les provinces, la *datio* appartient au président, qui ne peut déléguer ce pouvoir; on a fini aussi par le reconnaître au *legatus proconsulis* (2).

Les magistrats municipaux n'avaient eu d'abord que la *nominatio;* plus tard, ils eurent la *datio*, mais ne pouvaient l'exercer que sur l'ordre du président.

Justinien sur ce point apporte une modification au droit existant. Lorsque la fortune du pupille ou de l'adulte ne dépasse pas cinq cents solides (un solide vaut environ quinze francs) les magistrats municipaux ne sont plus tenus d'attendre l'ordre du président de la province, ils ont le plein exercice de la *datio tutoris vel curatoris* (3); l'évêque, les personnes notables, et à Alexandrie le *juridicus* y concourent. Dans ce cas, le tuteur ou le curateur est nommé *sine inquisitione* et il donne caution.

(1) Lois 3, *De tut. et cur. dat.*, 26, 5. — 46, § 1 et 6, *De administ. et per.*, 26, 7. — 45. § 3, *De excusat.*, 27, 1. — 5, Code *Qui dare tut. vel. cur.*, 5, 34.

(2) Loi 8, pr., *De tut. et cur.*, 26, 5.

(3) Inst., § 5, *De Atil. tut.*, liv. 1, tit. 20. Loi 30. Code *De episcopali audientia*, 1, 4.

Quand la fortune de l'incapable dépasse cinq cents solides, c'est le président qui nomme *ex inquisitione* et sans caution. En effet, pour les patrimoines considérables, il eût souvent été difficile de trouver une caution; l'enquête qui précédait la dation était une garantie d'un autre genre.

Quand le magistrat jugeait que la garantie d'un seul curateur n'était pas suffisante il pouvait en donner plusieurs, la charge était ainsi divisée et les actions récursoires de l'incapable présentaient plus de chances de succès. Nous voyons très-souvent dans les textes figurer plusieurs curateurs.

Le président ne pouvait mettre un terme ou une condition à la *datio curatoris*, il importait qu'il fût pourvu d'une manière définitive à l'administration des biens (1).

Le pouvoir de donner un curateur emportait pouvoir de confirmer celui qui était désigné dans le testament du père. A ce sujet, un curieux passage de Modestin (2) semblerait indiquer que la *confirmatio tutoris*, et par conséquent la *datio* étaient une attribution des consuls. Nous avons vu cependant que Marc-Aurèle a rendu la *datio* au préteur; or Modestin écrivait sous Sévère et au plus tôt à la fin du règne de Marc-Aurèle. Il est probable que les constitutions dont il parle étaient des constitutions antérieures à Marc-Aurèle, et qu'il faut à partir de ce prince appliquer au préteur les solutions données autrefois pour les consuls.

Plusieurs textes nous montrent que la *confirmatio curatoris* pouvait avoir lieu sur l'indication d'un curateur faite dans le testament d'un père naturel, d'une mère, d'un patron (3).

Dans ces divers cas, le curateur est confirmé *ex inquisitione* et ne donne pas caution.

(1) Loi 6, § 1. *De tutelis*, 26, 1.

(2) Loi 1, § 1. *De confirm. tut. vel. cur.*, 26. 3.

(3) Loi 1, Code, *De conf. tut.*, 5, 29. Lois 2, § 1 et 4 *De conf. tut.*, 26, 3.

§ 5. *Nominatio curatoris.*

Nous avons déjà vu que l'expression *nominatio tutoris* avait, en droit romain, un sens tout spécial et restreint; c'est la désignation, la présentation de celui que l'on propose pour être institué (*datus*) tuteur.

Cette fonction préliminaire était attribuée aux magistrats locaux des cités, tandis que, dans le principe du moins, la *datio*, était réservée aux présidents des provinces; il était naturel, du reste, que ce fût le magistrat de la localité, celui qui pouvait le mieux apprécier les circonstances, qui fût chargé d'indiquer les personnes capables de remplir les fonctions de tuteur ou curateur.

Nous verrons, en parlant des garanties données à celui qui est soumis à la curatelle, que c'est contre ces magistrats municipaux, duumvirs ou décurions (1), qui, *nominant*, c'est-à-dire qui font la présentation, que se donne l'action subsidiaire qui appartient à l'incapable (2).

Nous ne voyons pas qu'à Rome la *datio* ait été distincte de la *nominatio* comme dans les provinces. Le préteur étant sur les lieux avait plus de facilité pour examiner lui-même et pour choisir; cependant un texte (3) semble indiquer que le scribe du préteur faisait l'enquête, recevait la caution et était soumis au recours subsidiaire; ce sont bien là les fonctions mêmes de la *nominatio*, quoique les termes ordinaires ne soient pas employés.

Jamais la responsabilité n'a été étendue à celui qui faisait la *datio*. Lorsque les magistrats municipaux eurent à la fois la *datio* et la *nominatio*, ils furent bien responsables, mais ce fut toujours comme *nominantes* et non comme *dantes*.

(1) Loi 1, § 9 et 17, *De mag. conv.*, 27, 8.
(2) Loi 1, § 3, *De mag. conv.*, 27, 8. Loi 5, Code, *De mag. conv.*, 5, 75.
(3) Loi 6, Code, *De mag. conv.*, 5, 75.

Examinons, maintenant, comment le *jus dandi* est venu avec le temps se réunir chez les magistrats municipaux au *jus nominandi*. Placés au sein des petites localités et souvent loin des chefs-lieux de province qui étaient les centres d'administration, ils recevaient la demande de curateur et la transmettaient au président; c'était eux qui faisaient l'enquête; le résultat de leur enquête et le choix auquel ils s'arrêtaient constituait la *nominatio curatoris*, et c'est sur les renseignements ainsi recueillis que le préteur faisait la *datio, dabat curatorem*. Cette répartition des fonctions amenait de grands retards; par un premier progrès, on donna le *jus dandi* aux magistrats municipaux, mais de telle sorte qu'ils ne pouvaient l'exercer que sur l'ordre du président; cet état de choses existait incontestablement au commencement du troisième siècle: des textes de Paul et d'Ulpien en font preuve (1). Même un fragment de Celsus fait remonter ce droit des magistrats municipaux à l'époque de Domitien (2). Cette induction paraît, du reste, confirmée par la table de Salpenza; on peut donc admettre que dès la fin du premier siècle, les duumvirs donnaient les curateurs sur l'ordre du président.

SECTION II.

Administration du curateur.

L'administration du curateur comprend la personne et les biens de l'incapable. Le curateur doit, d'une part, soigner ou élever par lui-même ou par d'autres celui dont il a la curatelle conformément à la fortune de celui-ci; pour la nomination du curateur, en effet, on ne considère pas seulement son habileté dans les affaires, mais aussi sa moralité et les rapports plus

(1) Loi 46, § 6. *De adm. et per.*, 26. 7. Loi 3, *De tut. et cur.*, 26, 5.
(2) Loi 7, *De mag. conv.*, 27, 8.

ou moins étroits qui l'unissent à l'incapable (1). D'autre part, il doit gérer la fortune, exercer les droits, satisfaire aux obligations de celui-ci. Nous aurons à entrer sur ce point dans d'assez longs détails, mais il importe de remarquer, dès le principe, que l'administration des biens n'est pas sa seule fonction, et si l'on dit souvent *curator rei non personæ datur* (2), ce n'est aucunement pour exprimer que le curateur ne doit pas s'occuper de la personne de l'incapable; tel n'est pas le sens de cette règle, elle a pour but d'opposer la tutelle à la curatelle, au point de vue du mode de procéder. Chez le pupille, en droit civil, la personne même est incomplète, le tuteur la complète, la parfait par son *auctoritas;* il est essentiellement *datus personæ*, il y est donné pour l'augmenter (*auctoritas, augere*). Chez celui qui est en curatelle, au contraire, la personne est complète, il n'est jamais question d'une *auctoritas*, il est seulement besoin d'une assistance, d'une aide, et le curateur vient, à cette effet, donner son *consensus*. Telle est la portée exacte de ces mots. *Tutor personæ non rei datur.*

Le curateur ne peut être forcé par le magistrat de donner son *consensus* sur un fait particulier, il est seul juge de l'utilité de l'acte (3). Mais il peut être contraint *extra ordinem* à gérer la curatelle, à s'en occuper (4).

Examinons d'abord les mesures que doit prendre le curateur avant d'entrer en gestion.

1° Donner la caution *rem adolescentis vel alii qui curæ subjectus est salvam fore* (5). Cette caution est une satisdation, elle

(1) Loi 3, § 5, *Ubi pupillus*, 27, 2. Loi 2, *De alimentis*, 5, 50. Loi 7, pr., *De cur. fur.* 27, 10.

(2) Loi 14, *De testam. tut.*, 26, 1.

(3) Loi 17, *De auct. et cons.*, 26, 8.

(4) Loi 1, *De adm. et per. tut.*, 26, 7.

(5) Dig., liv. 47, tit. 6.

a pour objet de garantir l'adulte des suites de la mauvaise administration ou de l'insolvabilité du curateur.

Tous les curateurs même les curateurs légitimes doivent fournir cette caution, il n'y a d'exception que pour ceux qui sont donnés *ex inquisitione*, parce que, comme nous l'avons vu, l'enquête est une garantie suffisante de solvabilité et de capacité. Les textes nous apprennent qu'on comprend aussi dans l'exception le curateur désigné dans le testament du père ou même de la grand'mère (1). Mais celui qu'un oncle paternel aurait indiqué ne serait pas dispensé (2). Le patron en principe devait donner la caution; mais pour peu que les circonstances fussent favorables on ne l'exigeait pas : *non facile exigitur a patrono* (3).

Si l'adulte était présent et capable de le faire, il recevait lui-même la satisdation, s'il était absent ou sans raison, un de ses esclaves la recevait pour lui; s'il n'avait pas d'esclave, il fallait en acheter un, ou bien faire faire la stipulation par un esclave public ou même par une personne désignée par le préteur; dans ces deux derniers cas, bien que rigoureusement l'action *ex stipulatu* ne dût pas appartenir à l'incapable, on la lui donnait néanmoins comme action utile (4).

Cette stipulation était rangée dans la classe des stipulations communes, parce que si elle se donnait le plus souvent sur l'ordre du préteur, il arrivait aussi quelquefois qu'elle se donnât devant le juge dans un procès.

La satisdation *rem adolescentis salvam fore* s'étendait à toutes les obligations du curateur soit en raison de sa mauvaise gestion, soit en raison du défaut de gestion (5).

Il arrivait assez souvent qu'un curateur qui n'était pas obligé de fournir une satisdation, l'offrît cependant, pour obtenir

(1) Loi 11, § 1, *De conf. tut.*, 26, 3.

(2) Loi 5, *De conf. tut.*, 26, 3.

(3) Loi 5, § 1, *De legit. tut.*, 26, 4 et 13, § 1 et 2, *De tut. et cur. datis*, 26, 5.

(4) Lois 2, 3, 4 et 6. *Rem pup. vel. adol.*, 46, 6.

(5) Loi 10, *Rem pup. vel adol.*, 46, 6.

l'administration de préférence aux autres; ceux-ci, dans ce cas, étaient dits curateurs *honoraires;* ils n'avaient pas la gestion, mais leur responsabilité était toujours la même.

Le curateur qui ne donne pas caution parce que il ne le peut pas est simplement écarté de la curatelle; si c'est par fraude il est noté d'infamie, et le préteur assigne les biens en gage à l'incapable (1).

Tant que la satisfation n'a pas eu lieu, le curateur ne peut pas administrer, tous les actes qu'il ferait seraient nuls (2). Il paraît cependant que l'acte pourra être maintenu s'il est profitable. La loi 7, § 1, *De cur. fur.*, 27, 10, s'occupe de ce cas et nous montre le jeu de la procédure. Si, par exemple, le curateur d'un furieux a vendu un objet avant d'avoir donné caution, la vente étant nulle, les héritiers du furieux peuvent revendiquer; l'acheteur opposera alors l'exception *si non vendiderit;* mais les héritiers introduisent une réplique ainsi conçue, *si satisdatione interposita secundum decretum vendiderit*, et ils auraient certainement gain de cause si avec le prix reçu le curateur n'avait payé les créanciers du furieux; aussi l'acheteur, se fondant sur ce que l'aliénation, quoique faite sans droit a profité au furieux, va faire insérer la duplique de dol; le texte dit triplique: en général on réserve ce mot pour la quatrième exception invoquée, parce que la première porte spécialement le nom d'exception.

Une dérogation, bien naturelle du reste à la règle de la nullité des actes faits par le curateur avant la satisdation, avait été admise pour les actes qui ne pouvaient souffrir de retard (3).

2° Le curateur doit faire inventaire *(repertorium, inventarium)* des biens de l'incapable (4), et s'il y manque il est responsable de tout; le quantum sera fixé par le *jusjurandum in litem* déféré à l'incapable lors de la reddition des comptes.

(1) Loi 2, Code, *De tut. vel cur. qui satis.*, 5, 42.

(2) Loi 5, Code, *De tut. vel cur. qui satis.*, 5, 42.

(3) Loi 5, Code, *De tut. vel cur. qui satis.*, 5, 42.

(4) Loi 7, pr., *De admin. et per.*, 26, 7. Loi, 24, Code, *De adm. tut.*, 5, 37.

3° Justinien exige de plus qu'avant d'entrer en fonctions le curateur prête serment sur les Evangiles (1).

Nous avons vu qu'il pouvait y avoir un seul ou plusieurs curateurs ; dans ce second cas l'acte fait avec le *consensus* de l'un d'eux est valable ; pour que l'acte ne valût pas, il faudrait qu'un curateur eût opposé un *veto*. C'est du moins ce que les textes montrent pour la vente, le payement, la tradition (2). Peut-être aussi pour les actes qui étaient autrefois des *actus legitimi* et requéraient une certaine solennité, comme par exemple l'*aditio hereditatis*, faut-il admettre, à l'imitation de ce qui se passe pour les tuteurs légitimes, que tous les curateurs légitimes doivent intervenir. La curatelle légitime, en effet, existait au moins autant dans l'intérêt des curateurs que dans l'intérêt de l'incapable, et, du reste, le choix étant fait par la loi, ils pouvaient se trouver peu aptes à gérer ; leur nombre était une garantie de plus.

Le plus souvent pour assurer l'unité de la gestion un seul curateur était chargé de l'administration ; c'était celui qui avait fourni une satisdation quand les autres n'en offraient pas, ou bien celui que ses collègues avaient désigné, ou enfin celui qui était choisi par le magistrat lui-même à cause de la confiance qu'il inspirait.

Quelquefois l'administration se trouvait divisée entre les curateurs ; alors chacun ne pouvait administrer que ce qui lui était spécialement affecté (3). Ainsi le curateur chargé des biens situés en province n'est tenu, si un procès relatif à ces biens vient à Rome, qu'à veiller à ce qu'un tuteur ou un curateur soit nommé pour y suivre l'instance (4). La division,

(1) Loi 27, Code, *De episcopali aud.*, 1, 4.
(2) Loi 7, § 3, *De cur. fur.*, 27, 10.
(3) Loi 4, *De admin. et per.*, 26, 7.
(4) Loi 39, § 7, *De adm. et per.*, 26, 7.

au lieu d'être faite d'après la situation des biens *(per regiones)*, pouvait avoir lieu par nature d'affaires *(per partes)*. Dans ces différents cas la responsabilité des curateurs est divisée (1); cependant un curateur en présence de l'administration évidemment mauvaise de son cocurateur doit le faire écarter comme suspect ; en négligeant de le faire il engage sa responsabilité (2); ainsi, même quand les fonctions sont divisées, il y a une sorte de contrôle et de surveillance d'un curateur sur les autres.

Quand les fonctions ne sont pas divisées, la responsabilité est de droit et toute faute personnelle à l'un des curateurs est supportée par tous les autres, sauf un recours pour chacun contre celui qui a causé le dommage (3).

De même que le curateur doit faire, en entrant en charge, un inventaire des biens qui constituent le patrimoine de l'incapable, il doit aussi faire inventaire de ceux qui sont acquis pendant la curatelle ; à défaut, le quantum sera fixé par le *jusjurandum in litem*.

Les aliénations ou obligations ruineuses pour l'incapable et consenties par lui avant la curatelle seront rescindées sur la demande du curateur (4).

Avant Constantin, le curateur devait faire vendre tout ce qui appartenait à l'incapable, excepté les *prædia rustica et suburbana* (fonds de terre), par opposition aux *prædia urbana* (maisons). Cette obligation de réaliser était si absolue pour les tuteurs et les curateurs que le père dans son testament n'eût pas pu ordonner que le tuteur ne le fît pas (5). Constantin, au contraire, défend la vente des biens appartenant au pupille ou

(1) Loi 2, Code, *De per. tut. vel. cur.*, 5, 38.
(2) Loi 14, *De admin. et per.*, 26, 7.
(3) Loi 8, Code, *De admin. tut. vel cur*, 5, 37.
(4) Loi 3, Code, *De cur. fur.*, 5, 70.
(5) Loi 5, § 9, *De admin. et per.*, 26, 7.

à l'adulte, à moins qu'ils ne soient superflus ou de nature à dépérir par le temps. Nous avons déjà vu que dès Sévère l'aliénation sans décret des fonds rustiques et suburbains avait été prohibée. Constantin va bien plus loin dans ce système de conservation et d'inaliénabilité (1); ce n'est que comme une rare exception qu'il permet la vente, et l'argent comptant en provenant ne doit plus être placé à intérêt comme auparavant, parce que les chances de perte sont trop grandes.

Arrêtons-nous quelques instants sur cette défense d'aliéner les biens de ceux qui sont en curatelle, défense qui est restée toujours la même dans son but et dans ses effets, quoique la nature des objets sur lesquels elle portait ait beaucoup varié.

Les biens qui ne pouvaient être aliénés *sine decreto* ne pouvaient être ni engagés ni grevés d'aucun droit (2). C'est ce que nous montre la loi 1, § 1, *De rebus cor.*, 27, 9, qui est du reste assez curieuse en ce qu'elle présente une combinaison tout à fait analogue au système que notre législation a établi comme privilége du vendeur.

On ne pourrait non plus donner *in solutum* ni constituer en dot les biens qu'il est défendu d'aliéner (3).

Notons quelques exemples d'aliénation valable *sine decreto* :

1° L'aliénation faite d'après l'ordre du père (4) ou du testateur qui a laissé le bien (5);

2° L'aliénation d'une chose commune *pro indiviso* entre celui qui est en curatelle et un tiers (6);

3° L'aliénation nécessaire, celle qui a été faite indépendamment de la volonté de l'incapable (7);

(1) Loi 4, Code, *Quando decreto*, 5, 72. Loi 22, Code, *De administ. tut.*, 5, 27.
(2) Loi 3, § 5. *De rebus cor.*, 27, 9.
(3) Lois 8 et 15, Code, *De praed.*, 5, 71.
(4) Loi 1, § 1, *De rebus. cor.*, 27, 9. Loi 3, Code, *Quando decreto*, 5, 72.
(5) Loi 3, *De rebus cor.*, 27, 9.
(6) Lois 1, § 1, 5 et 16, *De reb. cor.*, 27, 9.
(7) Loi 5. § 4, *De rebus cor.*, 27, 9.

4° L'aliénation faite par le créancier auquel le père de l'incapable avait donné la chose en gage (1).

Cette défense d'aliéner *sine decreto* s'appliquait même à ceux qui avaient obtenu la *venia ætatis*, l'*oratio Severi* ne fait aucune distinction.

Quelles sont, en dehors des cas exceptionnels que nous avons énumérés les conditions nécessaires pour que l'aliénation soit valable ?

Il y en a cinq, il faut :

1° Que l'aliénation soit faite *præsidiali decretò* (2).

2° Que le magistrat soit compétent, c'est-à-dire que ce soit celui qui a juridiction sur le lieu de la situation (3).

3° Qu'il y ait une *causæ cognitio* (4). Il importe, en effet que le président voie si le créancier est impatient, s'il n'y a pas quelque autre ressource que l'aliénation (5).

4° Que le préteur n'ait pas été décidé par des allégations fausses, car dans ce cas sa religion est surprise, l'incapable ne doit pas en souffrir et on lui donne une action contre le détenteur (6).

5° Que le curateur n'ait point excédé les bornes du décret (7).

La vente faite en fraude de la prohibition est nulle, le pupille peut revendiquer la chose contre tout possesseur, il a même le droit de reprendre les fruits, et cela sans avoir à faire preuve d'aucune lésion (8). L'exception de dol lui sera seulement opposée s'il prétend ne pas rendre le prix qui lui a été payé et dont il a profité.

L'incapable ne peut plus se prévaloir de cette nullité lorsque

(1) Loi 7, § 1, *hoc. tit.*
(2) Loi 12, Code, *De præd.*, 5, 71.
(3) Loi 16, Code, *De præd.*.
(4) Loi 11, *De rebus cor.*, 27, 9.
(5) Loi 6, Code, *De præd.*, 5, 71. Loi 5, § 11, *De rebus cor.*, 27. 9.
(6) Loi 5, § 15, *De rebus cor.*, 27, 9. Loi 5, Code, *De reb. cor.*, 5, 71.
(7) Loi 7, § 3, *De rebus cor.*, 27, 9.
(8) Lois 11 et 16, Code, *De præd*, 5, 71.

revenu à la capacité, il a ratifié l'acte, soit expressément, soit tacitement, par cinq ans de silence.

Tel était le droit quant aux aliénations importantes ; pour celles qui rentraient dans les limites de l'administration, le curateur pouvait toujours les faire (1). Mais il n'eût pu ni affranchir un esclave (2), ni donner, à moins que ce ne fût de petits présents faits dans l'intérêt de l'incapable, à ses maîtres, ou à ses parents (3).

Relativement aux acquisitions le principe est que celui qui se trouve en curatelle peut acquérir à lui seul, *sine consensu curatoris*, car c'est faire sa condition meilleure ; cependant, en général, la curateur était appelé à intervenir : c'était toujours une garantie de plus, même dans quelques cas cette intervention était absolument nécessaire, lorsque par exemple la personne soumise à la curatelle était incapable de consentir. Pour l'adition d'hérédité et en général pour les *actus legitimi* la personne devait figurer elle-même, le curateur ne pouvait la remplacer ; ce n'est que fort tard (426) que l'on permit au tuteur de faire adition pour le pupille (4). Ainsi dans certains cas, lorsque par exemple l'incapable était *hæres extraneus*, il y avait en droit civil par le fait seul de la folie, incapacité d'acquérir la succession. Mais le droit prétorien apporta un tempérament à cet état de choses et décida que la possession de biens devrait être accordée au curateur au nom du furieux (5).

Alors même que la personne soumise à la curatelle était capable de consentir, le *consensus curatoris* était néanmoins nécessaire pour l'*aditio hereditatis*, parce que ce n'est pas un acte de pure acquisition, elle emporte obligation aux dettes ou du moins aux frais funéraires (6).

(1) Loi 12, *De cur. fur.*, 27, 10.
(2) Loi 17, *hoc. tit.*
(3) Loi 12, § 3, *De adm. et per.*, 26, 7.
(4) Loi 18, § 2, Code, *De jure delib.*, 6, 30.
(5) Loi 11, *De auct. et cons.* 26, 8.
(6) Loi 26, Code, *De adm. tut.*, 5, 37.

Le curateur doit exercer les créances de l'incapable (1); il a un délai de six mois pour placer les sommes qu'il trouve dues en entrant en fonction, et de deux mois pour celles qui deviennent exigibles pendant le cours de la curatelle; à partir de ces délais il est redevable des intérêts (2). Les cas dans lesquels le curateur doit l'intérêt légal sont du reste assez nombreux :

1° Quand il a employé à son propre usage l'argent de celui dont il est curateur (3);

2° Quand le préteur l'y condamne pour avoir nié qu'il eût de l'argent, alors qu'il en avait réellement (4);

3° Quand il a tardé à déposer des sommes qui devaient être déposées (5);

4° Quand il a reçu l'intérêt légal des débiteurs de l'incapable.

Si le curateur se trouve débiteur de l'incapable, il n'en doit pas moins exercer cette créance, *a semetipso debet exigere* (6), et l'action dont il est tenu ne se prescrit pas, car il ne faut pas qu'il profite de sa faute (7), s'il est créancier il doit se faire payer lui-même (8). Une Novelle (9) décide que le curateur qui devient créancier de l'incapable pendant la curatelle doit se faire adjoindre un autre curateur.

Dans le principe il était impossible, au moins *per legis actionem*, de plaider *alieno nomine* (10), plus tard le *judicium legitimum* n'admit de représentant que le tuteur, et quand une personne en curatelle avait un procès à soutenir, il fallait que le préteur lui donnât un tuteur, *tutor prætorius*. Enfin, lorsque les

(1) Loi 15, *De adm. et per.*, 26, 7.
(2) Lois 15 et 7, § 1, *De adm. et per. tut.*, 26, 7.
(3) Loi 1, Code, *De usuris pupill.*, 5, 56.
(4) Loi 7, § 8. *De adm. et per.*, 26, 7.
(5) Loi 7, § 7. *De adm. et per.*, 26, 7.
(6) Loi 9, § 4, *De adm. et per.*, 26, 7.
(7) Loi 9, § 2, *De adm. et per.*, 26, 7.
(8) Loi 9, § 5, *hoc. tit.*
(9) 72, chap. 2.
(10) Loi 123, *De reg. jur.*

judicia legitima eurent disparu, le curateur put ou se présenter dans les procès au nom de l'incapable, ou se borner à lui prêter assistance (1).

Il semble bien, d'après plusieurs passages de Cicéron, que ce ne fût qu'après qu'il eut été permis de plaider par *cognitor*, que l'on admit à paraître en justice ceux qui avaient mission publique de représenter certains incapables, comme les tuteurs, les curateurs, et les *actores municipum* (2).

Quel était l'effet vis-à-vis de l'incapable d'un procès soutenu par son curateur? Il était de principe que l'on ne pouvait acquérir une action *per extraneam personam*; aussi l'*actio judicati* appartenait au curateur ou était donnée contre lui; ce résultat est du reste naturellement amené par la procédure même, car si l'*intentio* est conçue au nom de l'incapable, la *condemnatio* porte le nom du curateur; cependant il paraît que dans quelques cas on donnait à l'incapable, ou contre lui, une action *ex judicato* utile (3), par exemple quand l'âge de la majorité était atteint (4).

Voyons maintenant quelle est la force des actes faits par le curateur.

Le curateur est pour tout ce qui regarde l'administration des biens de l'incapable, maître absolu de la fortune; il le remplace complétement (5). Tout ce qu'il fait de bonne foi est valable; on conçoit qu'autrement l'administration eût été fort difficile; souvent, les tiers auraient refusé de contracter. Le consentement donné de bonne foi par un seul curateur suffisait même en général, ainsi que nous l'avons déjà vu, pour donner pleine sécu-

(1) Loi 1, § 3 et 4, *De adm. et per.*, 26, 7.
(2) Vat. 335.
(3) Loi 6. *Quando ex facto*, 26, 9. Loi 5, Code, *Quando ex facto*, 4, 39.
(4) Loi 1, Code, *Quando ex facto*, 5, 39.
(5) Loi 27, *De adm. et per. tut.*, 26, 7.

rité aux tiers (1). L'intérêt de l'incapable exigeait d'ailleurs impérieusement qu'il en fût ainsi; s'il avait fallu le concours de tous, les retards eussent été très-prolongés et très-préjudiciables (2).

Tel est le droit civil. Nous verrons bientôt que l'incapable a même contre les actes faits de bonne foi par son curateur, un recours prétorien.

Ce serait bien ici le moment de parler de la capacité des personnes soumises à la curatelle; cette étude formerait le complément de celle que nous avons faite sur l'administration du curateur. Mais la capacité varie essentiellement avec les différentes classes de personnes qui reçoivent des curateurs; nous ne pourrons donc entrer dans les détails qu'en traitant spécialement des insensés, des prodigues et des mineurs.

La seule règle de capacité véritablement applicable à toutes les personnes soumises à la curatelle (du moins à toutes celles qui sont en état de consentir) se formule ordinairement ainsi : Elles peuvent par elles-mêmes sans le *consensus* de leur curateur faire leur position meilleure, elles ne peuvent la faire pire. Précisons immédiatement ce que ces expressions signifient. Faire sa condition meilleure, c'est : 1° acquérir la propriété; 2° devenir créancier; 3° être libéré d'une obligation dont on était tenu, mais par un moyen autre que le payement (3). Faire sa condition pire, c'est à l'inverse : 1° perdre la propriété; 2° devenir débiteur; 3° cesser d'être créancier.

Mais beaucoup d'actes ne présentent pas un caractère simple et ne peuvent être rangés exclusivement dans l'une des deux classes que nous venons d'indiquer; leur effet est complexe et tend à rendre la condition de celui qui les a faits meilleure sous un rapport, pire sous un autre; ce sont les contrats synallagmatiques. Quelle, est relativement à ces contrats, la capacité de

(1) Loi 12, *hoc. tit.*
(2) Loi 3, *hoc. tit.*
(3) Loi 9, § 2, *De auct. et cons.*, 26, 8, Inst., § 2, liv. 41, tit. 8.

la personne pourvue d'un curateur? Les textes nous apprennent que dans ce cas celui qui a contracté avec l'incapable *sine consensu curatoris* est obligé, tandis que l'incapable ne l'est pas, c'est-à-dire que l'incapable peut, s'il le veut, se considérer comme n'ayant pas contracté, ne pas exécuter et ne pas demander l'exécution; que si, au contraire, il préfère demander l'exécution, le tiers ne pourra la refuser. Si le tiers a déjà exécuté et si l'incapable veut tenir le contrat pour non avenu, ce dernier n'aura à rendre compte que du profit qu'il a tiré de l'exécution, il n'est obligé que *in quantum locupletior factus est* (1).

Lors, au contraire, qu'un acte de cette nature est fait avec le *consensus curatoris*, il est parfaitement valable en droit civil.

L'administration du curateur cesse avec la curatelle, ce qui peut arriver soit *ex parte curatoris*, soit *ex parte ejus qui curæ subjectus est*.

Du chef du curateur, les cas de cessation sont les mêmes pour toutes les espèces de curatelles: c'est la mort du curateur, son changement ou sa destitution.

De la part de celui qui est en curatelle, les causes varient avec les différentes classes de personnes: la mort pour toutes, la fin de la folie pour l'insensé, le retour à l'ordre et à la bonne administration pour le prodigue, l'âge de vingt-cinq ans ou l'abstention de la *venia ætatis* pour l'adulte.

Avant de quitter ce qui regarde l'administration du curateur, il ne faut pas oublier que s'il a fait quelque dépense, subi quelque préjudice à raison de sa gestion et qu'il ne s'en trouve pas indemnisé à la fin de la curatelle, il a pour en poursuivre le payement l'action *negotiorum gestorum contraria utilis* (1).

Il doit obtenir par cette action tout ce qu'il devrait payer par l'action directe (2).

(1) Loi 5, § 1, *De auct. et cons.*
(2) Loi 1, § 2. *De contraria tutelæ*, 27, 4.

SECTION III.

Garanties qui sont données aux personnes soumises à la curatelle.

Un système de protection très-énergique était nécessaire pour empêcher et réprimer les abus qui pouvaient naître de la grande liberté laissée au curateur dans son administration.

Trois garanties particulières étaient assurées à la personne soumise à la curatelle par les actions *negotiorum gestorum utilis directa*, *de rationibus distrahendis* et par le *crimen suspecti curatoris*.

§ 1. *Actio negotiorum gestorum utilis directa.*

La curatelle ne donne pas lieu à une action spéciale portant un nom particulier comme l'*actio tutelæ*. Pour y suppléer, on employait l'*actio negotiorum gestorum*, dite *utilis* parce qu'elle est détournée de sa première application qui a lieu pour une gestion d'affaire volontaire et non légale, en quelque sorte comme celle du curateur; cette action est de plus *directa*, parce qu'elle naît directement du quasi-contrat de gestion d'affaire. Nous avons vu tout à l'heure sa réciproque, celle qui naît *ex post facto* et qui est donnée au curateur contre l'incapable.

On ne peut, en général, l'intenter avant la fin de la curatelle (1). Un texte (2) montre que pour la curatelle du furieux qui n'a pas de terme fixe, l'action peut être intentée pendant la curatelle, il en est quelquefois de même dans d'autres cas (3).

(1) Loi 11, Code, *De adm. tut.*, 5, 37.
(2) Loi 4, § 3, *De tut. et rat.*, 27, 3.
(3) Loi 26, *De adm. et per.*, 26, 7.

L'action *negotiorum gestorum utilis directa* correspond à l'action *tutelæ*; comme elle, elle est de bonne foi et comprend tout ce dont le patrimoine de l'incapable a été diminué par la faute ou par le dol du curateur qui est obligé de donner les mêmes soins qu'à ses propres affaires (1), et est tenu de la faute légère *in concreto* (2); mais il ne répond pas de la faute légère *in abstracto*, ni des cas fortuits (3).

On y fait entrer ce qu'il aurait dû faire, par exemple, ce qu'il aurait dû recevoir des débiteurs de l'incapable (4), entre autres du tuteur dont il a reçu les comptes; mais, on n'y comprendrait pas ce que l'adulte a diminué de son patrimoine depuis qu'il a obtenu la *venia ætatis* (5).

L'actio negotiorum gestorum utilis directa est, comme l'*actio tutelæ*, munie d'un privilége sur les biens du curateur (6).

Les héritiers du curateur sont tenus comme lui, ils doivent exhiber les inventaires et donner les renseignements propres à faire connaître le patrimoine de l'incapable (7).

Les fidéjusseurs fournis par le curateur sont garants de tout ce que comprend cette action, l'incapable peut le leur demander par l'action *ex stipulatu*.

Enfin, si à la fois le curateur et les fidéjusseurs sont insolvables, toute ressource n'est pas perdue pour l'incapable; quand le curateur a été nommé ou les fidéjusseurs acceptés sans qu'ils présentassent des garanties suffisantes de capacité, de solvabilité ou de probité, les magistrats municipaux sont exposés à un recours subsidiaire (8).

(1) Loi 33, *De adm. et per*, 26, 7.
(2) Loi 7, Code, *Arbitrium tutelæ*, 5, 51.
(3) Loi 4, Code, *De per. tut.*, 5, 38.
(4) Loi 32, § 2, *De adm. et per.*, 26, 7.
(5) Loi 39, § 18, *De adm. et per.*, 26, 7.
(6) Loi 2, Code, *De mag. conv.*, 5, 75.
(7) Loi 2, Code, *De in litem. jur.*, 5, 53.
(8) Loi 5, Code, *De mag. conv.*, 5, 75.

Après la mort de l'incapable, cette action subsidiaire est donnée à ses héritiers.

Les magistrats ainsi responsables étaient les duumvirs et les décurions, chacun des duumvirs était tenu pour le tout (1). Mais les fidéjusseurs que ces magistrats donnaient à la république pour garantir l'accomplissement des charges qui pesaient sur eux n'étaient pas passibles du recours de l'incapable.

Nous ferons enfin remarquer que cette action subsidiaire contre les magistrats municipaux n'était pas munie d'un privilége comme l'action contre le curateur; l'incapable viendra donc sur leurs biens en concours avec les autres créanciers (2).

§ 2. *Actio de rationibus distrahendis.*

Le tuteur ou le curateur qui a détourné quelque partie des biens de celui dont il est chargé d'administrer la fortune est tenu d'une action particulière dite *de rationibus distrahendis*. Cette action est au double, mais dans le double on comprend la restitution de la chose détournée. Si le curateur a agi *animo furandi*, il pourra aussi être tenu de l'*actio furti*; l'*actio de rationibus* ne pourra plus être intentée lorsque par la *condictio furtiva* le dommage éprouvé aura été réparé (3).

§ 3. *Crimen suspecti.*

Cicéron nous apprend que le *crimen suspecti tutoris* vient de la loi des douze tables (4) : « *Dolus malus legibus erat vindicatus ut tutela XII tabulis.* » Il est fort probable que les lois décemvirales qui avaient aussi organisé la curatelle avaient établi le *crimen sus-*

(1) Loi 1, § 14, *De mag. conv.*, 27, 8.
(2) Loi 1, § 14, *De mag. conv.*, 27, 8.
(3) Loi 2, *De tut. et rat.*, 27, 3.
(4) *De off.*, liv, 3, chap. 13.

pecti curatoris. Toutefois les fragments qui nous restent n'en font pas mention.

Quoique le *crimen suspecti* entraîne quelquefois l'infamie, c'est une action civile ; ce n'est pas devant les juges criminels qu'on doit la porter.

Le magistrat qui a le droit d'écarter les curateurs comme suspects est, à Rome, le préteur et dans les provinces les présidents (1). Le *legatus proconsulis* a le même pouvoir.

L'action peut être intentée par tous les citoyens, elle est quasi-publique (2). L'incapable lui-même peut l'exercer contre son curateur avec l'avis d'un conseil de famille (*ex consilio necessariorum*); c'est là l'origine remontant à Sévère, d'une institution qui a pris dans notre droit un très-grand développement.

Un affranchi ne serait pas admis à intenter le *crimen* contre son patron.

Le *crimen suspecti* est commun à toutes les espèces de curateurs; cependant on le permettait difficilement contre un curateur légitime ; dans ce cas on se bornait à l'écarter en fait en donnant un autre curateur (3).

Le magistrat pourrait d'office déclarer un curateur suspect et le destituer (4).

Quelles sont les causes qui peuvent déterminer l'admission du *crimen suspecti?* Le dol du curateur (5) ; la vente faite en fraude et sans décret d'une chose dont l'aliénation est prohibée (6) ; la faute lourde, parce qu'elle se rapproche beaucoup du dol (7) ; la pauvreté ne serait pas une raison suffisante.

Il est à peine nécessaire de dire que cette action peut être

(1) Loi 1, § 3, *De susp.*, 26, 10.
(2) Loi 1, § 6, *hoc. tit.*
(3) Inst., § 5, *De cur.*, liv. 1 tit., 23.
(4) Loi 3, § 5, *De suspect.*, 26, 10.
(5) Loi 3, § 5, *hoc. tit.*
(6) Loi 3, § 13, *hoc. tit.*
(7) Lois 7, § 1, *hoc. tit.* 213, 223, 226. *De verb. sign.*, 50, 16.

intentée pendant la curatelle, et que durant l'instance l'administration est enlevée au curateur poursuivi.

Nous avons épuisé les règles qui sont communes à toutes les curatelles; il est temps de dire quelques mots de celles qui peuvent être spéciales aux différentes curatelles des insensés, des prodigues, et des mineurs de vingt-cinq ans.

CHAPITRE II.

CURATELLE DES INSENSÉS.

L'incapacité chez les personnes de cette classe n'est pas légale et artificielle, elle est naturelle : c'est une impuissance de fait à vaquer aux affaires de droit; elles sont incapables parce que leur consentement est nul ou gravement vicié. Le système romain consiste donc à s'attacher exclusivement à la question de savoir si le consentement a été réellement donné ou ne l'a pas été. Rien ne nous révèle que la nomination d'un curateur à l'insensé ait eu pour conséquence une présomption quelconque d'incapacité relativement aux actes postérieurs; c'est là une législation bien différente, on le voit, de celle à laquelle les difficultés pratiques d'un examen toujours renouvelé des circonstances de fait a fini par nous amener.

L'état de l'insensé peut présenter ou ne pas présenter d'intervalles lucides, ce que les Romains appelaient *induciæ furoris*, *intermissio*, et précisément parce que l'incapacité est toute de fait, la capacité reparaît alors complète, et l'acte consenti est aussi valable que s'il émanait d'un homme parfaitement sain d'esprit (1), et cela sans qu'il y ait lieu de distin-

(1) Inst., § 1, *Quib. n. e. perm. fac. test.*, liv. 2, tit. 12. Loi 20, § 4, *Qui test. fac.*, 28, 1. Loi 9. Code, *Qui test.*, 6, 22.

guer si l'acte passé dans l'intervalle lucide a pour effet de rendre la condition meilleure ou pire. La règle générale et applicable à toute espèce de contrat est posée dans la loi 2, au Code, *De empt.*, 4, 38.

Cette théorie de la pleine capacité pendant les intervalles lucides avait, paraît-il, d'abord été controversée à l'origine (1), mais elle avait fini par entrer si profondément dans la doctrine, que quelques auteurs, poussant ce système jusqu'à ses dernières conséquences, soutinrent que la curatel le cessait pendant l'intervalle lucide (2). Justinien tranche la difficulté et décide que le curateur restera en fonction même pendant les intervalles lucides, quoique la capacité revienne complète.

Il semble bien que les Romains donnaient spécialement le nom de *furiosus* ou de *demens* à celui dont l'état présente des intervalles lucides, à l'insensé par exemple dont l'affection provient d'une surexcitation ou d'une perversion des facultés ; ils réservaient au contraire l'expression *mente captus* pour celui dont l'état d'idiotisme, d'imbécillité, ou d'enfance sénile ne présente pas de moments de raison, lorsque l'altération de l'intelligence procède par voie d'affaiblissement et d'oblitération.

Cette différence entre le *furiosus* et le *mente captus* nous donne l'explication de quelques solutions adoptées par les jurisconsultes. Jusqu'à Justinien le fils du *furiosus* n'est pas admis à contracter mariage sans le consentement de son père, parce qu'on peut attendre un intervalle lucide ; on le permet au contraire au fils du *mente captus*, parce que l'on ne peut espérer dans ce cas que le père redevienne d'un moment à l'autre capable de manifester sa volonté (3).

Entre le *furiosus* et le *demens* la différence semble être qu'il y a dans l'état du premier des mouvements violents, des excès,

(1) Loi 9, Code, *Qui fac. test.*, 6, 22.
(2) Loi 6, Code, *De cur. fur.*, 5, 70.
(3) Loi 25, Code, *De nuptiis*, 5, 4.

que l'on ne trouve pas dans la conduite du second (1). Cependant, il faut le reconnaître, fort souvent la distinction n'est pas faite et les deux expressions sont employées comme synonymes (2). Cette division n'offre du reste rien d'important au point de vue juridique ; elle n'a d'effet, comme le montre le dernier texte que nous avons cité sur ce point, que relativement aux soins à donner et aux précautions à prendre.

A côté des différentes espèces d'insanité dont nous venons de parler, il faut placer l'état de celui qui sans être ni *furiosus*, ni *demens*, ni *mente captus*, est néanmoins faible d'esprit et se trouve dans un état intellectuel anormal, ce que les Romains appellent, *fatuus*, *stultus*, *insanus*, ou bien souffre d'une infirmité telle qu'il ne peut vaquer aux affaires de droit, comme cela arrive pour le *surdus* et le *mutus* ; dans ces hypothèses, la volonté est libre encore, et cependant il est quelquefois absolument nécessaire de nommer un curateur (3).

Dans tous les cas, la question de capacité est toujours une question de fait, que le juge décidera d'après les circonstances de la cause. S'il y a eu consentement, l'acte est pleinement valable ; s'il n'y a pas eu consentement, il est absolument nul, *nullum est negotium quia non intelligit quod agit*. Les textes nous offrent souvent l'application de ce principe en matière de contrats, de divorce, de possession (4). De même en matière de crime ou de délit (5). Ainsi la violation de la propriété d'autrui commise par un insensé n'entraîne aucune responsabilité.

(1) Loi 8, § 1, *De tut. et cur. dat.*, 26, 5.

(2) Cic., *Tusc. quæst.*, 3, 5. Loi 7, § 1, *De cur. fur.* 27, 10. Loi 14, *De off. præs.*, 1, 1.

(3) Inst., § 4, *De curat.*, liv. 1, tit. 23. Loi 2, *De cur. fur.*, 27, 10. Loi 2, *De post.*, 3, 1.

(4) Inst. § 8, *De inut. stip.*, 3, 19. Loi 2. Code, *De cont. empt.*, 4. 38. Loi 2, *De inoff.*, 5, 2. Loi 17, *Qui test.* 28, 1. Loi 22, § 7, *Sol. mat.* 24, 3. Loi, 1, § 12, *De oblig. et act.*, 44, 7. Loi 18, § 1, *De adquir. poss.* 41, 2.

(5) Loi 14, *De off. præs.*, 1, 18. Loi, 5, § 2, *Ad leg. Aquil*, 9, 2.

On ne peut pas plus lui imputer le *damnum* dont il est l'auteur qu'on ne peut imputer au corps inerte d'obéir à la loi de la gravité, *quemadmodum si tegula ceciderit.* Loi 5, § 2, *Ad leg. Aquil.*, 9, 2.

Pour tous les actes dans lesquels l'insensé n'est pas appelé à jouer le rôle de sujet actif la capacité reste entière, ou plutôt, le consentement n'étant pas exigé, la naissance ou la conservation des rapports de droit a lieu sans son concours ; aussi voyons-nous que les droits de l'insensé, son mariage, la puissance paternelle subsistent (1). Malgré la démence de l'un des époux ou de tous deux l'enfant naît sous la puissance de son père; l'insensé se trouve certainement obligé par la gestion qu'un tiers a faite de ses affaires (2).

Nous savons de plus que l'insensé pouvait se trouver grevé d'une obligation lorsqu'elle était formée *re* et qu'elle était indépendante de son consentement. Par exemple si la personne qui se trouve en état d'indivision avec l'insensé a fait des dépenses pour la chose commune, l'insensé en devra compte par l'action *communi dividundo* (3), et, bien évidemment, il faut généraliser ce principe très-fécond en cette matière : *furiosus obligatur ubi ex re actio venit* ; quand la cause génératrice de l'obligation est en dehors de lui, lorsqu'il joue un rôle purement passif, la création du rapport de droit est possible.

Le contrat passé par l'insensé donne-t-il au moins naissance à une obligation naturelle? Nous croyons que non, les Romains, en général, considéraient l'incapacité à consentir comme radicale ; l'insensé ne peut être sujet actif dans une opération juridique créatrice de droit. Nous sommes pleinement confirmés dans cette manière de voir par la loi 70, § 4, *De fidej.* 46, 1, de Gaïus ; nous y voyons que la fidéjussion de la promesse faite

(1) Loi 8, pr., *De his qui sui*, 1, 6.
(2) Loi 3, § 5, *De neg. gest.*, 3, 5.
(3) Loi 46, *De oblig.*, 44, 7.

par l'insensé dans un stipulation est impossible, *ne negotium quidem ullum gestum esse intelligitur*. La loi 6, *De verb. oblig.*, 45. 1, repousse aussi la fidéjussion dans un cas analogue et semble bien ne pas admettre d'obligation naturelle ; La loi 25, *De fidej. et mand.*, 46. 1, est la seule qui présente la fidéjussion accessoire de l'obligation de l'insensé comme valable elle refuse en effet tout recours au fidéjusseur et décide que la perte doit être pour lui : cette loi, dans laquelle du reste il faut très-probablement transposer les mots *his* et *ei*, est fort difficile à expliquer. Certains auteurs voient une interpolation dans le mot *fidejusserit* et le remplacent par *spopônderit*, nous savons en effet que la *sponsio*, à la différence de la *fidejussio* pouvait exister du moment qu'il y avait une obligation valable en la forme. Nous aimerions mieux croire que la loi vise le cas où le fidéjusseur connaissait en contractant l'état de l'insensé, et a pris, en quelque sorte, à ses risques, l'incertitude qui planait sur la situation d'esprit du *reus*, qui est, il est bon de le remarquer, non *mente captus*, mais *furiosus*. Le tiers se serait rendu non-seulement fidéjusseur, mais éventuellement seul obligé. Une explication qui semblerait aussi plausible, et que la loi 70. § 4, paraît favoriser, c'est que la loi 25 a trait à l'hypothèse d'une obligation formée *re* et indépendamment du consentement de l'insensé. Néanmoins, il est difficile de méconnaître qu'aucune de ces diverses opinions n'est tout à fait satisfaisante, en présence de la généralité des termes de la loi. Incontestablement ce texte est en lui-même très-obscur, et de toute façon il n'y a, je crois, rien à en tirer ni d'un côté ni de l'autre, dans la question de savoir si l'insensé peut s'obliger naturellement.

CHAPITRE III.

CURATELLE DES PRODIGUES.

L'origine de cette curatelle est la même que celle de la précédente ; elles dérivent toutes deux de la loi des XII Tables, et les différences qui existent entre elles viennent de la différence même de la situation des personnes qu'elles ont pour but de protéger. Tout à l'heure l'incapacité était de fait, et résultait d'une impossibilité de consentir; ici, au contraire, l'état intellectuel est normal; il y a seulement un entraînement vers la jouissance immédiate auquel le prodigue ne sait résister, mais néanmoins le consentement est libre et assurément, dans son type ordinaire, le prodigue n'est pas un fou ; aussi son incapacité est de droit ; c'est une mesure légale et de protection. L'état nouveau est créé par la sentence du magistrat, et est organisé de telle sorte que toute latitude est laissée au prodigue pour faire sa condition meilleure, il n'est entravé que pour les actes qui peuvent la rendre pire ; se trouvant ainsi à peu près dans la même position que le pupille sorti de l'*infantia* (1).

Nous repoussons donc, en principe, toute assimilation entre la capacité de l'insensé et celle du prodigue, les situations sont toutes différentes. Il est vrai que la loi 40, *De reg. jur.*, 50, 17, les met absolument sur la même ligne, et semble leur reconnaître la même incapacité, la même impossibilité de consentir ; mais on ne saurait tirer de cette loi aucun argument contre notre opinion. Elle dit, en effet, en termes formels: *Furiosi vel ejus, cui bonis interdictum sit, nulla voluntas est ;* mais il faut savoir à quel cas restreint et tout particulier cette assertion se rapporte. Godefroy fait remarquer que cette loi est de Pomponius, et extraite de son livre 34, *ad Sabinum ;* elle se rattache aux lois 19 et 20, *De aqua plur.*, 39, 3 ; toutes deux de Pomponius aussi ; et la seconde également tirée du livre 34, *ad Sabinum ;* ces lois sont ainsi conçues : *Labeo ait : si patiente vicino opus faciam, ex quo ei aqua pluvia noceat, non teneri me actione pluviæ arcendæ. Sed hoc ita, si non per errorem aut imperitiam deceptus fuerit. Nulla enim errantis voluntas est. Furiosi vel ejus cui bonis interdictum sit, nulla voluntas est.* Ce n'est donc que dans ce cas tout particulier que Pomponius refuse pour le prodi-

(1) Loi 6, *De verb. obl.*, 45, 1.

gue, comme pour le furieux de reconnaître l'exercice d'une volonté libre; c'est qu'il ne veut pas que le prodigue, par son inaction, que l'on prendrait pour un consentement tacite, puisse se causer à lui-même un préjudice; *nulla voluntas est* dans ce cas-ci pour le prodigue, parce qu'il s'agit d'un acte ou plutôt d'une inaction qui rendrait évidemment sa condition pire; il y a donc dans cette loi la confirmation bien plutôt que la négation de l'opinion que nous avons émise.

Nous refusons donc à ce point de vue de reconnaître une similitude entre l'insensé et le prodigue; qui d'ailleurs pourrait douter que ce dernier ne dût répondre de son dol et porter la peine de ses délits?

D'après ce que nous avons dit, l'interdit peut devenir créancier en vertu d'une stipulation, mais il ne peut par un contrat se constituer débiteur (1). Il est incapable de faire aucune aliénation (2), ainsi le payement qu'il aurait effectué ne serait pas valable et il pourrait revendiquer l'argent (3).

L'interdit pourra consentir une novation si elle améliore sa position (4). C'est là une de ces conventions synallagmatiques qu'en principe il ne peut faire seul, mais que, lorsqu'il les a faites, il peut à son choix tenir pour valables ou regarder comme non avenues. L'acceptation de succession faite par un prodigue serait également valable (5).

Le testament antérieur à l'interdiction subsiste, mais le prodigue ne peut pas en faire un autre après avoir été interdit, la loi protége sa famille aussi bien que lui-même (6).

Nous avons déjà vu plus haut que l'administration de la for-

(1) Loi 6, *De verb. oblig.*, 45, 1. Loi 9, § 7, *De rebus credit.*, 12, 1.

(2) Loi 10, pr., *De cur. fur.*, 27, 10. Loi 6, *De verb. oblig.*, 45, 1. Loi 26, *De cont. empt.*, 18, 1. Loi 11, *De rebus corum.*, 27, 9.

(3) Loi 29, *De cond. indeb.*, 12, 6.

(4) Loi 3, *De novat.*, 46, 2.

(5) Loi 5, § 1, *De adquir. hered.*, 29, 2.

(6) Inst. *Quib. non est perm. fac. test.*, liv. 2, tit. V 2. Loi 18, *Qui test.*, 28, 1.

tune du prodigue est confiée à un curateur, et nous en avons suffisamment étudié les règles.

Le prodigue, en contractant, peut-il alors même que le contrat n'est pas valable, se trouver obligé naturellement ? Nous le pensons; si l'on peut cautionner le pupille qui contracte sans l'*auctoritas tutoris*, il doit bien en être de même à l'égard du prodigue, chez lequel l'aptitude à une obligation naturelle est bien moins contestable que chez l'impubère; les textes qui annulent la fidéjussion dans ce cas, doivent être entendus d'une espèce dans laquelle le fidéjusseur aurait cautionné par ignorance

CHAPITRE IV.

CURATELLE DES MINEURS DE VINGT-CINQ ANS.

Nous avons vu que cette curatelle datait de Marc-Aurèle; ce fut en quelque sorte une continuation de la tutelle, une tutelle mitigée et volontaire. C'est cette institution bien plutôt que la tutelle romaine dont les principes ont influé sur le droit du moyen âge et sur le droit moderne; c'est là qu'aujourd'hui même il faut aller chercher des lumières précieuses sur certaines questions en matière de tutelle et de minorité.

Nous savons que les mineurs ne sont pas forcés d'avoir des curateurs : examinons leur position successivement dans le cas où il n'en ont pas, et dans le cas où ils en ont.

1° Le mineur n'est pas pourvu de curateur.

Dans cette hypothèse les anciens principes du droit civil reçoivent leur application; le pubère mineur de vingt-cinq ans peut s'obliger valablement; il peut aliéner, car la capacité complète est un droit acquis à la puberté. Le mineur de vingt-cinq ans acquiert donc, administre, aliène, s'oblige sans le secours de personne; il se marie, il teste, quoique, il est vrai, quelques restrictions aient été mises à la pleine capacité; il n'y a que trois cas spéciaux dans lesquels un curateur lui est donné malgré lui : 1° pour plaider; 2° pour recevoir un payement ; 3° pour recevoir ses comptes de tutelle. Quelques lois particulières (loi Vilia, loi Elia Sentia, S. C. qui lui défend de se donner en adrogation sans le *consensus* d'un curateur) avaient aussi fait des exceptions de détail à la pleine capacité qu'il tenait du droit civil. Nous aurons seulement à nous occuper bientôt des effets que peut avoir la restitution prétorienne relativement aux actes dans lesquels le mineur a éprouvé une lésion.

2° Le mineur de vingt-cinq ans a un curateur.

On controverse encore aujourd'hui beaucoup sur l'influence que la nomination d'un curateur général exerce sur la capacité du mineur.

Deux lois semblent, en effet, trancher la difficulté, mais elles la décident en deux sens diamétralement contraires, en sorte que l'une paraît véritablement être la négation de ce qu'affirme l'autre.

La loi 101, *De verb. oblig.*, 45, 1, exprime que les mineurs peuvent s'obliger valablement par stipulation sans leur curateur.

La loi 3, Code, *De in integ. rest.* 2, 22, pour apprécier les effets d'une vente consentie par un mineur, établit la distinction suivante : Dans le cas où l'adulte qui a vendu est pourvu d'un curateur, le contrat doit être regardé comme non avenu, *contractum servari non oportet* : l'adulte est assimilé au prodigue, chez lequel nous avons constaté l'impossibilité absolue de faire sa condition pire; — si, au contraire, il s'agit d'un mineur qui n'a pas de curateur, le contrat est valable, sauf la possibilité d'une *restitutio in integrum*.

On le voit, pour l'hypothèse d'un mineur pourvu de curateur la solution des deux lois est contradictoire.

Diverses explications ont été proposées :

Les unes modifient le texte; ainsi Doneau (1) met une néga-

(1) Liv. 12, chap. 22, § 30.

tion dans la loi 101 et la fait ainsi concorder avec la loi 3. Noodt (1) substitue *obligare* à *obligari* pour arriver au même résultat; enfin Vinnius (2) sous-entend *præsentibus* et veut que la loi fasse allusion à cette idée que le *consensus* peut être donné sans solennité et en dehors de la présence du curateur à la différence de l'*auctoritas* du tuteur. Cette dernière correction est la plus ingénieuse, elle a été adoptée par Puchta (3).

Quelques auteurs ont cherché la conciliation dans une distinction : Gluck (4) entend la loi 101 du cas où le mineur engage sa personne, fait une convention de services, et la loi 3 du cas où il oblige ses biens. Mais cette distinction est inadmissible, car quiconque s'engage à faire quelque chose oblige par cela même ses biens; de plus, rien n'autorise dans les textes une différence à ce point de vue. MM. de Savigny (5) et de Vangerow (6) admettent la capacité de s'obliger, sauf la *restitutio in integrum*, mais repoussent la capacité d'aliéner : l'aliénation serait nulle *ipso jure ;* une distinction analogue avait été présentée par Cujas ; il suffit pour la rejeter de remarquer qu'en droit romain vendre n'est pas aliéner, c'est s'obliger d'une certaine manière; or c'est précisement l'hypothèse d'une vente que présente la loi sur laquelle on prétend se fonder pour établir l'incapacité d'aliéner ; cette loi établit du reste une assimilation entre le mineur qui a un curateur et l'interdit; or, ce dernier est incapable de s'obliger aussi bien que d'aliéner.

Ce n'est ni dans une modification au texte, ni dans une distinction toujours plus ou moins arbitraire que nous trouverons la conciliation ; l'histoire de l'institution de la curatelle, telle que nous l'avons exposée dans notre première partie nous fournit la solution naturelle de la contradiction qui paraît exis-

(1) *De pactis. et transact.*, chap. 20.
(2) Inst., § 3. *De inut. stip.*
(3) *Curs. der Inst.*, t. 2, § 202, not aa.
(4) T. 4, p. 75.
(5) Verm., *schrift*, t. 11, n° 18.
(6) T. 1, § 291.

ter entre les lois 101 et 3. Dans le principe la curatelle des mineurs de vingt-cinq ans s'introduisit par voie d'insinuation, par voie de conseil. La loi Plætoria, la jurisprudence sur cette loi, le S. C. de Marc-Aurèle accusent le désir de venir en aide aux mineurs de vingt-cinq ans et aussi la crainte de heurter les principes respectés du vieux droit civil; on hésite à dépouiller le pubère de sa capacité complète, on veut qu'il s'en dépouille lui-même, la curatelle est volontaire; pour encourager le mineur à prendre un curateur et pour écarter toute idée de flétrissure qui pourrait rappeler la curatelle de l'insensé ou du prodigue, on se borne à donner l'administration au curateur sans rendre le mineur incapable d'agir par lui-même; c'est là l'état du droit que nous présente Modestin dans la loi 101; la même législation se trouve constatée à la même époque dans un fragment de Paul, loi 43, *De oblig. et act.*, 44, 7, qui nous dit que le *pubes compos mentis* peut s'obliger valablement.

Mais avec le temps, la force des choses conduisit à ce résultat, que celui qui ne peut pas administrer ne doit pas non plus pouvoir s'obliger, c'était là une assimilation logique d'autant plus facile à accepter qu'elle existait déjà dans une institution voisine, d'origine fort ancienne, la curatelle du prodigue; la tendance vers l'unité amena à confondre les deux situations, c'est l'état du droit attesté par la loi 3 sous Dioclétien et Maximien; Justinien consacre cette doctrine en insérant ce texte dans le Code; et d'autres fragments dans ses recueils attestent que la curatelle emporte incapacité de promettre de la part de celui qui y est soumis (1).

On ne peut se faire une idée exacte de la position des mineurs de vingt-cinq ans en droit romain sans dire quelque mots de la *restitutio in integrum ob ætatem*.

(1) Lois 60, 61, *De jure dot.*, 23, 3.

CHAPITRE V.

RESTITUTIO IN INTEGRUM.

C'est peu de temps après la loi Plætoria que le préteur accorda la restitution au mineur de vingt-cinq ans. De tous les cas de *restitutio in integrum*, c'est celle qui a pris le plus de développement. Elle s'appliquait à toute espèce de préjudice résultant d'un acte, d'une omission ou d'une tolérance. Dans le principe elle ne garantissait que les mineurs de vingt-cinq ans et seulement contre leur inexpérience, mais on l'étendit successivement aux actes faits par les curateurs, et même à l'hypothèse d'un impubère en tutelle (1); mais ce n'était jamais que lorsque l'acte en lui-même était un acte de mauvaise administration et non pas lorsqu'un préjudice accidentel avait suivi un acte de bonne gestion. *Non eventus damni restitutionem indulget sed inconsulta facilitas* (2).

Les règles générales des *restitutiones in integrum* sont applicables à la *restitutio obætatem* des mineurs de vingt cinq ans: Examinons brièvement ce qu'il peut y avoir de spécial.

1° Le payement fait à un mineur pourra donner lieu à une *restitutio* en faveur de celui-ci, si, par exemple, il a dissipé la somme, ou si elle lui a été volée. Le débiteur peut exiger que le mineur prenne un curateur pour recevoir, cette précaution diminue beaucoup le risque qu'il court d'être obligé par une *restitutio* de payer une seconde fois, sans cependant le soustraire complétement à ce danger (3). Justinien ajoute une mesure de plus, il veut que le payement de la dette du mineur ne

(1) Loi 29, pr., § 1. — 38 pr. — 47 pr., *De min.*, 4, 4.
(2) Loi 11, § 4, et 24, § 1, *De min.*, 4, 4.
(3) Loi 7, § 2, *De min.*, 4, 4.

se fasse que quand elle a été reconnue par le juge ; alors, mais alors seulement, le débiteur peut payer en toute sécurité (1). Ceci ne s'appliquait du reste qu'aux payements de capitaux.

2° Lorsque le créancier d'un mineur vend un objet qui lui a été constitué en gage, non par le mineur, mais par la personne dont celui-ci est l'héritier, le mineur ne peut obtenir la *restitutio* contre l'acheteur, il ne peut l'avoir que contre le vendeur ou contre son curateur suivant les circonstances; l'acheteur ne pourrait être actionné que dans le cas où il serait le complice d'une fraude (2). Ceci du reste est moins une exception aux principes généraux des restitutions que la fixation de la limite jusqu'à laquelle s'étend celle que nous étudions.

3° Lorsqu'un acte a été fait par un mineur soumis à la puissance paternelle, il est de principe que le mineur doit être restitué, mais que le bénéfice de la restitution ne doit pas profiter au père (3). Le mineur soumis à la puissance paternelle, qui contracte une obligation peut toujours être actionné, soit pendant la durée, soit après la dissolution de la puissance. Le père peut aussi être poursuivi par l'action *quod jussu* s'il a donné à son fils ordre de contracter, ou en vertu de l'action *de peculio* s'il existe un pécule (4); aussi le fils poursuivi directement par le créancier, peut se faire restituer, mais il ne pourrait y avoir de restitution contre l'action *quod jussu* ou *de peculio* intentée contre le père (5). Il paraît que cette doctrine avait eu quelque peine à s'établir (6).

Quant à l'esclave, comme il n'est jamais obligé par ses contrats, le défaut d'intérêt rend la restitution inutile. Il n'y avait qu'un cas pour lequel il y eût lieu à restitution d'un esclave

(1) Inst., § 2, *Quib. al. lic. vel non*, liv. 2; tit. 8. Loi 25 pr., Code, *De adm.*, 5, 37.

(2) Loi 2, Code, *De prædiis et aliis*, 5, 71.

(3) Loi 3, § 4, Loi 23, *De min.*, 4, 4.

(4) Loi 1, *Quod cum eo*, 14, 5.

(5) Loi 3, § 4, *De min.*, 4, 4.

(6) Lois 23 et 3, § 4, *De min.*, 4, 4.

mineur; c'était lorsque son inexpérience lui avait fait commettre un acte compromettant l'exécution d'un fidéicommis d'où dépendait sa liberté (1).

Dans des cas assez nombreux, la protection que le mineur trouvait dans la *restitutio ob ætatem* lui faisait défaut. L'impossibilité de l'obtenir provenait de causes tout à fait contraires; ainsi, souvent la restitution n'était pas admise par cette raison que le mineur était *ipso jure* suffisamment garanti contre tout dommage; quelquefois, au contraire, le droit prétorien fait défaut dans un cas où le droit civil est déjà insuffisant à protéger le mineur, en sorte que celui-ci doit nécessairement subir le préjudice.

On peut, comme exemple de la première hypothèse, citer les cas suivants:

1° La restitution n'a pas lieu pour le mineur de vingt-cinq ans vis-à-vis d'une prescription dont le laps de temps est moindre que trente ans; en effet, la prescription dans ce cas ne courant pas contre le mineur, en droit civil, la restitution serait parfaitement inutile (2).

2° Le mineur de vingt-cinq ans a omis de constituer son débiteur *in mora* par un avertissement; il ne peut être question de restitution, car le débiteur est *in mora*, *ipso jure* (3).

3° Quand une aliénation d'immeuble a été faite sans décret; en effet, cette aliénation est nulle en soi (4). Mais l'aliénation consentie après décret pourrait donner lieu à une restitution.

Comme exemple de cas où le mineur ne pouvant obtenir la restitution et étant sans protection du côté du droit civil, doit nécessairement supporter la perte, on peut indiquer:

1° Les actes faits après l'obtention de la *venia ætatis*, décla-

(1) Loi 5, *De min.* 4, 4.
(2) Loi 5, Code, *In quib. causis in integ.*, 2, 41.
(3) Loi 3, *hoc tit.*
(4) Loi 11, Code, *De prædiis*, 5, 71.

ration de majorité par le souverain (1). Ce décret affranchit le mineur de la curatelle et lui rend la libre administration de ses biens, il est non restituable désormais (2). Mais la restitution est admise contre l'obtention de la *venia* elle-même, car la demande en remonte à une époque où la minorité existait pure et sans modification.

2° L'acte juridique confirmé par le serment, quand le serment a été valablement donné en la forme.

3° Le cas où le mineur se donne frauduleusement pour majeur, et consent un acte au moyen de cette fausse déclaration (3). C'est qu'en principe aucune restitution n'est admise contre les fraudes commises par le mineur dans les actes juridiques.

Mais la simple erreur de l'adversaire ne serait pas un obstacle à la restitution (4).

4° La prescription de trente ans ; la restitution n'est pas accordée au mineur contre cette prescription (5).

Le délai de la restitution était au temps des jurisconsultes, d'une année utile à la majorité; il fut plus tard fixé par Constantin, à cinq, quatre, ou deux années continues, suivant que la restitution était sollicitée à Rome, en Italie, ou dans les provinces. Enfin Justinien établit pour tout l'empire un délai uniforme de quatre années (6).

Postérieurement, la restitution d'abord spéciale aux mineurs, fut singulièrement étendue; on l'accorda aux corporations, aux municipalités des villes, aux communautés religieuses, aux églises (7). Certains auteurs ont soutenu qu'elle devint commune aux aliénés et aux prodigues, posant, comme un

(1) Loi 2, Code, *De his qui veniam*, 2, 45.
(2) Loi 1, Code *hoc tit.*
(3) Lois 2, et 3, Code, *Si minor. se maj.*, 2, 43.
(4) Lois 1, 3, 4, Code *Si minor se maj.*, 2, 43.
(5) Loi 3, Code, *De prœscript. XXX, vel XL annorum*, 7, 39.
(6) Loi 7, Code, *De temp. in int. rest.*, 2, 53.
(7) Loi 4, Code, *Quib. ex causis, maj.*, 2, 54.

principe général, que la restitution des mineurs appartient à tous ceux dont les intérêts sont confiés à des mains étrangères; mais cette extension indéfinie, fondée sur un principe abstrait et en dehors de tout texte, ne peut être admise lorsqu'on se rappelle qu'à son origine cette restitution ne protégeait les mineurs que contre leurs propres actes. MM. Burchardi et Savigny repoussent énergiquement ce système d'extension qui est aujourd'hui universellement adoptée en Allemagne.

Nous ferons remarquer d'ailleurs que la position des corporations et des aliénés a plus de rapports avec la condition des absents qu'avec celle des mineurs; l'application de la restitution en faveur des absents était restreinte dans des limites plus étroites. Néanmoins, quand un aliéné est défendeur et qu'il est *indefensus*, nul doute que, par une application de la *clausula generalis* de l'édit, il n'obtienne la restitution des absents si l'usucapion ou la prescription l'a dépouillé de son droit (1).

Pour ne rien omettre de ce qui concerne les curateurs en droit romain, nous devons, après avoir épuisé la matière de la curatelle générale, mentionner quelques cas spéciaux dans lesquels un curateur était donné *ad certam rem* (2).

Citons pour mémoire les trois cas de procès, de payement à recevoir et de comptes de tutelle, dans lesquels le mineur pouvait être forcé d'avoir un curateur.

Nous avons vu aussi que dans certaines hypothèses le pupille reçoit un curateur pour un objet spécial, par exemple quand le tuteur légitime n'est pas *idoneus*.

Il paraîtrait que dans l'origine la femme nubile avait, outre le tuteur légitime qui était appelé à l'autoriser, un curateur dont la fonction était d'administrer ses biens (3).

(1) Loi 22, § 2, *Ex quib. causis*, 4, 6. Loi 124, *De reg. jur.*, 50, 17.
(2) Loi 48, *De adm. et per.*, 26, 7.
(3) *Vat.* 110.

Lorsqu'une femme perdant son mari, se déclarait enceinte, on nommait un curateur au ventre ; cet usage ne s'est pas encore perdu (303. C. N.).

Enfin dans le cas de déconfiture, lorsque les créanciers faisaient vendre les biens de leur débiteur, un *curateur aux biens* comme mandataire de tous faisait les opérations nécessaires pour arriver à la liquidation, il était choisi par le préteur avec le consentement de la majorité des créanciers.

DROIT FRANÇAIS.

ANCIEN DROIT.

Les règles du droit romain sur la curatelle des insensés et sur l'interdiction des prodigues se conservèrent dans notre ancien droit à peu près telles qu'elles étaient sous Justinien. Il suffit pour s'en convaincre de lire ce qu'en rapporte Domat dans ses Lois civiles (1). Nous nous bornerons seulement à signaler la tendance de plus en plus grande à assimiler la curatelle de l'insensé à une véritable tutelle (2). C'est par le Code que le dernier pas dans cette voie a été fait, et que le nom de tuteur a été donné au représentant de l'interdit, et même, à ce sujet, nous ferons remarquer que, dans les premières éditions, l'art. 108 portait : Le majeur interdit aura son domicile *chez son curateur*, au lieu de *chez son tuteur*. C'est bien certainement là un des derniers vestiges de la tradition romaine.

Notons quelques changements qui s'introduisirent en général dans la jurisprudence bien plutôt que dans la législation.

Souvent on n'interdisait que pour certains actes ou bien

(1) Liv. 2, tit. 2.
(2) Domat, *Lois civ.*, liv. 2. tit. 2, sect. 2.

on donnait un curateur dont l'assistance était nécessaire pour l'exercice de quelque droit spécialement déterminé. Cochin, dans son plaidoyer pour les enfants Vanderbergue, nous présente un tableau résumé de cette jurisprudence : « Les uns sont absolument interdits ; les autres ne le sont que par rapport à l'aliénation des fonds ; aux autres on donne un simple conseil, sans l'avis duquel ils ne peuvent contracter. Il y en a qui ne sont gênés que dans un seul genre d'action, par exemple à qui on défend d'entreprendre un procès sans l'avis par écrit d'un avocat qui leur est nommé (1). Le remède change suivant les circonstances, et c'est la nature de chaque affaire qui règle comment on doit pourvoir aux besoins de ceux à qui ces secours sont nécessaires. »

On ne se borna pas, on le voit par le passage qui précède, à interdire les insensés, les sourds-muets et les prodigues, on admit l'interdiction pour dérangement de mœurs aussi bien que pour dérangement d'esprit, au témoignage de Meslé (2), cette mesure fut souvent appliquée au cas où une femme, née dans une condition honnête, *prétendait se mésallier en se mariant à un homme vil par lui-même et d'un état abject.* Cette cause d'interdiction trouva une extension facile, favorisée qu'elle était par l'ambition des familles non moins que par les mœurs

(1) Nous trouvons dans la comédie des *Plaideurs* un exemple d'interdiction partielle de ce genre ; l'idée en fut, ainsi que nous l'apprend Brossette dans son commentaire, suggérée à Racine par Boileau :

Monsieur, tous mes procès allaient être finis,
Il ne m'en restait plus que quatre ou cinq petits :
L'un contre mon mari, l'autre contre mon père
Et contre mes enfants. Ah ! Monsieur, la misère !
Je ne sais quel biais ils ont imaginé,
Ni tout ce qu'ils ont fait, mais on leur a donné
Un arrêt par lequel, moi vêtue et nourrie,
On me défend, Monsieur, de plaider en ma vie !

(Acte I, sc. VII.)

(2) Partie 2, chap. 12, n° 3 et 13.

du temps. La disposition de l'art. 182 de l'ordonn. de Blois veut que *les veuves qui se remarient follement à personnes indignes de leur qualité, les aucunes à leurs valets, soient interdites.* Même un arrêt du parlement de Bretagne, de déc. 1614, décide que l'interdiction dans ce cas est encourue de plein droit, et que tous actes passés postérieurement sont nuls.

Un arrêt du parlement de Paris, du 10 août 1748, prononça l'interdiction sans que le mariage eût eu lieu, mais seulement parce que la volonté de le contracter était clairement manifestée.

Une trop grande disproportion d'âge et des avantages excessifs assurés à un nouvel époux par une femme ayant enfants d'un précédent mariage pouvaient donner lieu à interdiction. Mornac, sur la loi unique au Code *De inoff. dot.*, rapporte un arrêt qui interdit une femme de cinquante ans pour s'être remariée à un jeune homme de trente ans, lequel avait d'abord demandé sa fille cadette. « Ex facto ejus ad se pellexerat, cum ambiret appeteretque minorem filiam. » De plus cette femme avait assuré par contrat de mariage à son second mari presque toute sa part des conquêts de la première communauté.

Meslé nous dit aussi (1) que la jurisprudence avait également pourvu au cas de ceux qui sont *débilités par leur grand âge.* Des *accords* entre eux et leurs héritiers présomptifs leur permettaient de conserver tout ou partie des revenus en remettant aux successibles le patrimoine avec défense d'aliéner.

On ne faisait du reste aucune difficulté d'admettre l'interdiction volontaire, la justice en accueillait la demande et prononçait sans procédure. — Nous verrons que rien de tout ceci n'est plus possible aujourd'hui.

Pendant bien longtemps, de même qu'en droit romain, l'interdiction ne fut soumise à aucune mesure de publicité, et les

(1) *Traité des Tutelles*, partie 2, chap. 13, n° 27.

tiers qui contractaient avec l'interdit étaient nécessairement sacrifiés. Pour la première fois le Code Michaud (ordonnance de 1629) disposa que les sentences d'interdiction seraient affichées aux greffes des tribunaux ordinaires et publiées à peine de nullité. Le Châtelet assura la publicité d'une manière plus effective encore, il exigea que la sentence d'interdiction fût signifiée aux cent vingt notaires de son ressort.

Une coutume s'était introduite, contre laquelle les lettres patentes du 28 nov. 1769 furent délivrées; il arrivait qu'un seul juge statuait en sa maison (en l'hôtel du juge) sur les demandes d'interdiction. Les lettres de 1769 déclarent qu'il ne pourra être statué désormais sur semblables questions que par les juges réunis en tribunal, et sur les conclusions du ministère public. Cependant le Châtelet de Paris continua à statuer sans conclusions du ministère public, sans information, ni enquête. D'ailleurs les lettres ne parlaient que de l'interdiction, et il fut universellement reconnu qu'elles ne s'appliquaient pas aux simples dations de curateur ou de conseil.

Comme on le voit, il n'y avait de règles législatives que celles qui venaient du droit romain; les besoins de la pratique et les préjugés de l'époque y avaient apporté bien des modifications; les juges cherchaient à pourvoir en fait aux exigences des différentes affaires, et la variété infinie de leurs décisions trouve sa cause et son explication dans l'absence de dispositions légales; souvent même, quand de grands intérêts n'étaient pas en jeu, on ne recourait pas à la justice et c'est surtout à cette époque que peut s'appliquer ce qu'Esquirol disait sur l'état des aliénés avant la loi de 1838 : « On ne sait ce que devenaient autrefois les aliénés; il est vraisemblable qu'il en périssait un grand nombre. Les plus furieux étaient renfermés dans des cachots; les autres dans des couvents, dans des donjons, lorsqu'ils n'étaient pas brûlés comme sorciers ou comme possédés du démon; les plus tranquilles erraient librement, abandonnés à la risée, aux injures, ou à la vénération ridicule de leurs concitoyens. » (*De l'aliénation mentale*, t. 2, p. 463.)

PREMIÈRE PARTIE.

SUITES DE L'INTERDICTION JUDICIAIRE.

GÉNÉRALITÉS.

Le projet de la commission nommée par le gouvernement le 24 thermidor an VIII, composée de MM. Portalis, Tronchet, Bigot-Préameneu et Maleville, est le premier point de départ du droit qui régit aujourd'hui l'*interdiction judiciaire*. Le système du Code est nouveau sur ce point; les monuments antérieurs de législation et de jurisprudence, pleins de diversité et de contradictions, ne pouvaient presque rien fournir, et la discussion ainsi que la rédaction de la loi se sont malheureusement ressenties de ces difficultés.

L'institution du *conseil judiciaire* ne figurait pas dans le projet, c'est une innovation des législateurs de 1804, qui l'ont substitué au *conseil volontaire* (1), que le prodigue ou le faible d'esprit pouvaient se faire donner par le tribunal.

Enfin la troisième mesure qui puisse aujourd'hui être prise à l'égard des personnes atteintes dans leur raison, le *placement dans une maison d'aliénés*, qui fonctionne simultanément avec les deux premières institutions, a été introduite dans notre droit bien postérieurement aux autres; elle ne remonte qu'à 1838.

Nous allons successivement étudier ces trois systèmes de

(1) *Projet de Code civil*. Paris, imprimerie de la République, ventôse, an IX.

protection relativement aux suites que chaque mesure entraîne pour la personne qui en est l'objet, ne disant des causes qui les déterminent et de la procédure qui y conduit que ce qui est indispensable pour comprendre les détails dans lesquels nous entrerons relativement à l'administration des biens, au soin de la personne, et à l'incapacité de celui qui se trouve placé dans un de ces trois états juridiques.

L'étude des causes qui nécessitent l'une de ces mesures est surtout une étude de médecine et de psychologie dans laquelle nous ne saurions entrer ici; c'est là une question que les tribunaux doivent décider en fait, en faisant appel aux lumières d'hommes spéciaux (1).

L'étude des formalités à remplir dans ces trois hypothèses, est une étude de procédure, très-intéressante et très-sérieuse, il est vrai, car le principe de la liberté individuelle et les garanties qui doivent lui être assurées sont en jeu, mais qui cependant ne rentre pas dans le plan de notre travail. Les suites de l'interdiction judiciaire, de la dation d'un conseil, de la mise dans une maison d'aliénés forment la seule matière de nos recherches, le champ est assez vaste et les difficultés assez grandes pour que nous nous tenions exactement dans les limites que nous nous sommes tracées.

Les dispositions dans l'examen desquelles nous entrons font partie du titre XI du Code, intitulé : *de la Majorité, de*

(1) Voir à ce sujet un intéressant travail de M. Sacaze : sur la folie dans ses rapports avec la capacité civile (*Revue de Législation*, de M. Wolowski, 1850, t. 2, p. 207, et suiv., t. 3 p. 228, et 1851, t. 1, p. 143). Sur l'aliénation mentale à ce point de vue on peut consulter avec fruit : Pinel, *Des maladies mentales*, t. 2. — Hoffbauer, Médecine légale relative aux aliénés. Traduction de Chambeyron. — M. Falret, *Gazette des Hôpitaux*, 1851.

l'Interdiction et du Conseil judiciaire. Voici les différentes phases de sa rédaction : Présenté au conseil d'État le 10 brumaire an XI, il est discuté dans la séance du 20. Cette discussion amène quelques modifications, et le 4 frimaire M. Emmery propose une nouvelle rédaction. Le lendemain, communication du projet à la section de législation du Tribunat ; quelques observations sont faites qui donnent lieu à des conférences entre le conseil d'État et le Tribunat. Le 21 ventôse, M. Emmery présente la rédaction définitive; le 28, il lit l'exposé des motifs au Corps législatif. Le 30, le projet définitif et l'exposé des motifs de M. Emmery sont adressés au Tribunat. Le 5 germinal, M. Bertrand de Greuille fait son rapport à l'assemblée générale, et dans la même séance le Tribunat vote l'adoption du projet. Le 8 germinal, MM. Bertrand de Greuille, Tarrible et Portiez apportent ce vœu au Corps législatif, M. Tarrible lit son rapport devant cette assemblée; le projet adopté est promulgué le 18.

Le Code n'admet l'interdiction que pour un état habituel d'imbécillité, de démence ou de fureur; on a critiqué cette division des affections mentales et la limitation que la loi semble imposer aux causes qui peuvent déterminer l'interdiction. Nous nous bornerons à dire que, quel que soit le nom scientifique de l'affection, le magistrat, s'il en constate l'existence, saura toujours la faire rentrer dans la classification peu technique peut-être mais assez large de l'art. 489. En principe, si par quelque accident une personne a perdu la raison, ou si, par quelque erreur de la nature, l'individu n'a jamais acquis le complet usage de ses facultés, la loi veut que cet incapable de fait soit protégé par une incapacité de droit contre les dangers que l'abus de sa liberté pourrait entraîner pour lui ou pour les autres.

Les personnes qui peuvent provoquer l'interdiction sont les parents et le conjoint (490). Elle ne peut être provoquée d'office par le ministère public que dans le cas de fureur, lorsque les parents ou époux ne la provoquent pas, et dans les cas d'imbécillité ou démence, quand il n'y a ni époux, ni épouse, ni parents connus (491).

C'est une question controversée que de savoir si l'on peut provoquer soi-même son interdiction. On décide en général qu'il ne peut être permis à un homme d'abdiquer sa capacité, et de déroger ainsi à une loi qui est d'ordre public, comme tout ce qui a trait à l'état des personnes; l'insensé est, du reste, toujours présenté comme défendeur; et ce n'est pas un faible argument pour cette opinion que la difficulté qu'il y aurait à organiser une procédure régulière dans le cas où une personne prétendrait agir elle-même en justice aux fins de se faire interdire (1).

On discute aussi la question de savoir si un mineur qui se trouve dans un des cas de l'art. 489 peut être interdit. Nous admettrons sans hésiter l'affirmative. Le projet du Code contenait un article qui n'autorisait l'interdiction que pour les mineurs émancipés; cet article fut supprimé sur les observations de la Cour de cassation, par ce motif que l'intervalle entre la minorité et l'interdiction pourrait être employé à ratifier des actes ruineux faits en minorité (2). De plus, même à part cette raison très-puissante, il y a d'autres motifs d'admettre l'interdiction du mineur (3).

Ce sont les tribunaux civils qui connaissent des questions

(1) Sur cette question et dans ce sens. Cassat. 7 sept. 1807. Merlin, Rép., v° *Interdiction*, § 3, n° 3. M. Valette *sur Proudhon*, t. 2, p. 521. M. Duranton, t. 3, n° 724. — M. Zachariæ, t. 1, p. 253. M. Demolombe, t. 8, n° 471. M. Bioche, *Dict. de Procéd.*, v° *Interdiction*.

(2) Fenet, t. 2, p. 96.

(3) M. Demol., t. 8, n° 440. — Proudhon, t. 2, p. 489. — M. Duranton, t. 3, n° 716. Marcadé, t. 2, art. 489, n° 1. M. Valette, *Explication sommaire*, t. 1, p. 346. Metz, 9 octobre 1823. Dijon, 24 avril 1830.

d'interdiction; ce genre de procès est dispensé du préliminaire de conciliation (192); mais la procédure est toute spéciale, les faits d'imbécillité, de démence ou de fureur doivent être articulés par écrit (193). Le tribunal demande sur l'état de la personne dont l'interdiction est provoquée, l'avis d'un conseil de famille formé à cet effet (194). Pour assurer autant que possible l'impartialité du conseil de famille, la loi veut que les parents qui ont provoqué l'interdiction n'en fassent pas partie; elle fait cependant exception pour l'époux, l'épouse et les enfants qui pourront y être admis sans avoir voix délibérative (195). Nous nous garderons d'induire de cette disposition, comme le font quelques auteurs, que jamais les époux, épouse, ou enfants n'auraient voix délibérative dans le conseil de famille. Non; dans le cas où ils ne provoquent pas l'interdiction, ils ont voix délibérative; la loi dit seulement qu'ils n'auront qu'une voix consultative dans l'hypothèse où ils se trouveront être demandeurs dans le procès en interdiction (1).

Après l'avis du conseil de famille, le tribunal interroge dans la chambre du conseil, et si c'est impossible, par juge commis ou commission rogatoire, celui dont l'interdiction est demandée (196). Après cet interrogatoire, le tribunal nomme, s'il y a lieu, un administrateur provisoire qui prendra soin de la personne et des biens du défendeur (197).

Le tribunal peut rejeter la demande en interdiction, auquel cas l'état de la personne ne subit aucune modification; il peut, sans admettre la demande ni prononcer l'interdiction, donner un conseil; c'est là, en quelque sorte, une demi-interdiction que nous étudierons plus tard; enfin, il peut prononcer l'interdiction; le jugement ne peut être rendu qu'à l'audience et sur

(1) En ce sens, Cassat. 13 mars. 1833. MM. Duranton, t. 3, n° 729, Marcadé, t. 2, art. 495. Taulier, t. 2, p. 106. Valette *sur Proudhon*, t. 2, p. 523, note *a*. — Demolombe, t. 8, p. 362.

les conclusions du ministère public (498, 515). Ce jugement est susceptible d'appel (500) (1).

Nous entrons ici pleinement dans notre sujet; le jugement d'interdiction ou de nomination d'un conseil judiciaire une fois rendu, qu'il soit ou non frappé d'appel, l'état de l'interdit se trouve dans une période nouvelle; car si l'appel confirme la décision de première instance, c'est du moment de cette décision que l'incapacité aura commencé. Les tiers ont, on le conçoit, le plus grand intérêt à connaître la sentence : la loi a pris des mesures à cet effet.

CHAPITRE PREMIER.

PUBLICITÉ DE LA SENTENCE D'INTERDICTION.

Art. 501. « Tout jugement ou arrêt portant interdiction ou nomination d'un conseil, sera, à la diligence des demandeurs, levé, signifié à partie et inscrit dans les dix jours sur les tableaux qui doivent être affichés dans la salle de l'auditoire et dans les études des notaires de l'arrondissement. »

L'appel ne dispense pas de cette obligation de publicité; nous en avons déjà donné la raison; c'est que, s'il y a confirmation sur appel, il faut que les tiers aient été avertis au moment à partir duquel il y a incapacité, c'est-à-dire à l'époque même du jugement de première instance. Lors de la discussion, c'est sur ce motif que l'on a écarté une disposition qui n'exigeait l'affiche que pour le jugement définitif.

Dans la pratique, une affiche qui comprendrait la liste

(1) Sur les détails de la procédure de l'instance en interdiction, consulter l'explication sommaire du livre I, du *Code Napoléon*, de M. Valette.

complète des personnes interdites serait trop considérable; on se borne à placer dans l'auditoire du tribunal et dans les études des notaires un tableau qui avertit le public que la liste est inscrite sur un registre mis à la disposition de tout requérant.

Le délai de dix jours que le demandeur a pour faire inscrire, part évidemment de la prononciation et non de la signification, puisque la signification est comprise dans le délai; on conçoit, du reste, tout l'intérêt qu'ont les tiers à ce qu'il y ait là un terme fixe (1).

La sanction de cette disposition de la loi se trouve dans la responsabilité de ceux qui sont en faute; c'est-à-dire, suivant les cas, du demandeur, du greffier ou du notaire, vis-à-vis des tiers auxquels le défaut de publicité aura nui. Si, par exemple, l'extrait du jugement n'a pas été remis dans les dix jours au secrétaire de la chambre des notaires, c'est le demandeur qui sera responsable; si l'extrait ayant été remis, et le secrétaire de la chambre en ayant donné récépissé, un notaire a négligé d'inscrire, les tiers pourront demander des dommages et intérêts à ce notaire dont la liste inexacte les a induits en erreur. (art. 18, loi du 25 ventôse an XI sur le notariat, modifié par l'art. 175 du tarif civil).

Du reste, ce délai de dix jours a un effet rétroactif, et du moment que la publicité a été donnée dans le temps légal, les actes passés avant seront nuls, sans que les tiers dont l'erreur a été invincible aient aucun recours. C'est qu'ici personne n'est en faute, et que la loi préfère encore la protection de l'interdit à la sécurité des tiers.

L'art. 501 n'exige l'inscription dont il s'agit que dans l'arrondissement du tribunal qui a prononcé l'interdiction, c'est-à-dire dans l'arrondissement du domicile de l'interdit.

(1) En ce sens, MM. Bioche et Gouget, n° 60. Lepage, p. 592.

Que décider si l'interdit a son domicile dans une ville qui contient plusieurs arrondissements, comme Paris, Lyon, Marseille? Nous croyons que l'inscription doit être faite dans tous les arrondissements de la ville et même dans tout le ressort du tribunal; car il semble bien que le mot *arrondissement* ait été pris par la loi comme synonyme, de *ressort d'un tribunal d'arrondissement*. C'est ainsi que les notaires de la banlieue de Paris ont la liste des personnes interdites domiciliées dans chaque arrondissement.

Par suite de la généralité des termes de l'art. 502, la nullité atteindrait même les actes passés hors du ressort judiciaire dans lequel la publicité a été donnée. On a pensé que les tiers prendront des renseignements dans le lieu où l'incapable est domicilié (1).

Le § 31 de l'art. 92 du tarif civil indique une autre formalité, l'insertion dans un journal; mais cette disposition n'a aucune sanction, car le décret de 1807 n'est absolument qu'un tarif de frais, et ne peut emporter une obligation que la loi n'a pas prévue.

Quelques auteurs enseignent (2) mais cette opinion me paraît tout à fait inadmissible, que l'appel est la seule voie de recours ouverte contre la sentence d'interdiction, et que si le jugement était rendu par défaut, l'interdit ne pourrait faire opposition; je ne crois pas que l'on puisse tirer du silence de l'art. 894 Pr. une conséquence aussi grave et priver ainsi l'interdit des bénéfices du droit commun. Il ne doit pas être condamné sans avoir été entendu ou appelé (3).

Le jugement d'interdiction rendu, il faut faire nommer un tuteur à l'interdit.

(1) M. Valette, *Explication sommaire*, t. 1, p. 368. Cassat. 29 juin 1819.

(2) Demiau, art. 894, et Carré, question 3030.

(3) En ce sens, Thomine, nº 1051. Duranton, t. 3, nº 739. M. Bioche, vº *Interdiction*, nº 90.

CHAPITRE II.

TUTELLE DE L'INTERDIT.

Il avait été dit au conseil d'État par M. Treilhard que la nomination du tuteur de même que la publicité du jugement ne devraient pas avoir lieu avant l'expiration des délais ou la confirmation du jugement. Mais nous savons que ce système n'a pas prévalu (1). Il paraît bien cependant qu'il en est resté quelque trace dans la rédaction de l'art. 505. « S'il n'y a pas d'appel du jugement d'interdiction rendu en première instance ou s'il est confirmé sur l'appel, il sera pourvu, etc... »

On ne peut fixer d'une manière certaine pour toutes les hypothèses le moment à partir duquel le tuteur pourra être nommé. Il faut faire en cette matière l'application du droit commun et dire :

1° Qu'un jugement ne pouvant être mis à exécution avant d'avoir été signifié à partie, le conseil de famille ne pourrait nommer un tuteur à la personne interdite avant qu'elle ait reçu signification du jugement qui prononce l'interdiction (501).

2° Que le tuteur ne peut être nommé avant l'expiration des huit jours qui suivent le jugement pendant lesquels l'appel et l'exécution sont également impossibles (449-450 Pr.). Or la nomination du tuteur est l'exécution même du jugement.

3° Que le tuteur peut être nommé dès l'expiration de la huitaine, pourvu qu'appel n'ait pas été interjeté ; c'est en effet l'appel et non point le délai d'appel qui est suspensif d'exécution (457 Pr.).

(1) Fenet, t. 10, p. 686 et suiv. Séance du 20 brumaire an XI.

A supposer que l'appel soit interjeté dans le délai qui s'écoule entre la huitaine et les trois mois, le tuteur déjà nommé par le conseil de famille ne doit pas exercer sa tutelle, car ses pouvoirs sont en suspens jusqu'à la décision sur appel. S'il y a des actes d'administration d'une urgence impérieuse, ce sera à l'administrateur provisoire à les faire. Cet administrateur pourra être soit celui qui a été nommé en première instance, soit celui qui a été nommé par la cour si on n'a pas continué le premier dans ses fonctions.

4° Que si la nomination du tuteur n'a pas eu lieu avant l'appel interjeté, la nomination du tuteur ne peut plus avoir lieu qu'après la confirmation du jugement d'interdiction (137 Pr.).

5° Que néanmoins le conseil de famille pourra procéder à la nomination du tuteur immédiatement après le jugement et nonobstant appel si le jugement a été déclaré exécutoire par provision (135, 6° Pr.).

Étudions successivement l'organisation, l'administration et la cessation de la tutelle de l'interdit.

§ 1.— *Organisation de la tutelle de l'interdit.*

La tutelle des mineurs est légitime, testamentaire ou dative; la tutelle de l'interdit est toujours dative, c'est toujours le conseil de famille qui est appelé à faire le choix. C'est lui seul qui a ce droit; ainsi, à notre avis, une cour ne pourrait pas après avoir annulé une nomination, nommer elle-même un tuteur (1). De plus la nomination faite par le conseil de famille n'a aucun besoin d'être homologuée par le tribunal.

Cette règle est facile à démontrer et à justifier.

1° L'art. 505 porte, sans aucune distinction, qu'il sera pourvu à la nomination d'un tuteur et d'un subrogé tuteur à l'interdit,

(1) Cassat. 27 nov. 1816. — Orléans, 9 août 1817, même affaire.

dans les mêmes termes que l'art. 405. La loi n'a réservé qu'une seule exception pour le cas de l'art. 506.

2° La discussion montre qu'on a voulu exclure la tutelle légitime. Le Tribunat pensait qu'il était dans l'intention du conseil d'État d'étendre la *tutelle de droit des ascendants* au cas d'interdiction; en conséquence il proposait une rédaction dans laquelle le mot *nomination* était retranché. — Mais cette rédaction n'a pas été adoptée (1).

3° Cette différence n'a rien que de très-naturel : la tutelle des mineurs est un fait ordinaire, normal; elle s'ouvre par des événements déterminés qui peuvent à l'avance être facilement prévus et réglementés; la minorité, c'est l'enfance qui inspire toujours l'intérêt; on pouvait d'ailleurs compter sur la sollicitude et la tendresse des père, mère ou ascendants. L'interdiction est au contraire un événement assez rare et tout à fait anormal; les parents seront souvent déjà morts ou du moins assez âgés pour ne pas bien administrer. En outre l'interdiction résulte parfois de causes peu honorables; elle humilie les familles, il peut y avoir de la part des parents un ressentiment ou une lassitude aux conséquences desquels la loi ne veut pas exposer aveuglément l'interdit.

Que décider dans le cas où la personne interdite est un mineur déjà pourvu d'un tuteur? Dans ce cas, certains auteurs soutiennent qu'il n'y a pas lieu à nommer un nouveau tuteur; je ne crois pas que l'on puisse abandonner ainsi la règle que nous venons d'établir, et aller aussi directement contre les termes de l'art. 505. Du moment qu'un mineur est frappé d'interdiction il lui faut un tuteur, non pas en tant que mineur, mais en tant qu'interdit. Or la tutelle dative, donnée après examen, présente beaucoup plus garantie que la tutelle légitime; pourquoi priver ainsi le mineur interdit de ces garanties?

(1) Locré, Législation civile, discours du rapporteur au Conseil d'État, t. 7, p. 346.

Si le tuteur naturel, légitime ou autre qui est en fonction présente les qualités nécessaires, on pourra le maintenir; mais c'est bien la moindre des choses que cette question soit examinée par le conseil de famille. D'ailleurs, il faut toujours accorder qu'à la majorité on devra procéder à une nomination; or ce point de départ de la tutelle de l'interdit me semble tout à fait arbitraire. Depuis quand, dans cette hypothèse, fera-t-on courir les dix années après lesquelles le tuteur de l'interdit peut demander à être déchargé? Sera-ce du jour de l'interdiction, ou du jour de la nomination à l'époque de la majorité? L'art. 508 ne donne aucun élément de décision; évidemment il n'y a pas de distinction à faire entre le mineur et le majeur interdit (1).

Les père et mère, qui ne peuvent être de droit tuteurs, de leur enfant interdit ne peuvent évidemment lui nommer un tuteur testamentaire.

Il n'y a qu'une exception au principe que la tutelle de l'interdit est dative, elle est consignée dans l'art. 506. « Le mari est de droit le tuteur de sa femme interdite. » C'est là un cas de tutelle légitime. Cette tutelle est une conséquence et en quelque sorte un mode d'exercice de la puissance maritale (213). La loi ne distingue pas entre le mari majeur ou mineur: il faut donc admettre que, dans les deux cas, il est tuteur légitime. D'ailleurs il ne sera pas lui-même en tutelle, son mariage l'a émancipé.

Cette règle que le mari est tuteur légitime de sa femme interdite forme une contradiction curieuse avec le droit romain et le droit des pays de droit écrit qui ne voulaient pas que le mari pût être curateur de sa femme furieuse; on visait alors surtout à sauvegarder les droits de la femme, aujourd'hui on s'est surtout inspiré de cette considération qu'il est plus utile à tous deux que l'administration reste la même.

(1) En ce sens, M. Valette, *Explication sommaire*, t. 1, p. 373.

Réciproquement la nature de l'association conjugale a commandé une exception à la règle qui exclut de la tutelle la femme autre que la mère ou ascendante d'un mineur (442). L'art. 507 porte : « La femme pourra être nommée tutrice de son mari. » La faveur consiste ici pour le conjoint, non pas, comme tout à l'heure, à être tuteur légitime, mais à être admis à la tutelle. Le conseil de famille peut nommer la femme tutrice, mais il peut aussi ne pas le faire, et quand il le fait, il règle, comme il le veut, la forme et les conditions de l'administration, suivant l'aptitude plus ou moins grande de la femme, son âge, son caractère et les rapports antérieurs des époux. Nous entrerons sur ce point dans quelques détails en traitant de l'administration de la tutelle.

Les art. 506 et 507 ne doivent pas être appliqués dans le cas de séparation de corps ; ces dérogations au droit commun trouvent en effet leur raison d'être dans les rapports d'intimité des deux époux et dans la garantie que présente leur attachement mutuel. Or, si la séparation de corps laisse subsister le lien civil, elle met fin à la vie commune, elle accuse même une vive animosité entre les époux et ne fait que l'accroître (1).

Le conseil de famille qui défère la tutelle est composé, comme celui d'un mineur, de parents pris en égal nombre dans les deux lignes (406-416). Remarquons que lorsqu'il s'agit ainsi de déférer la tutelle, ceux qui ont provoqué l'interdiction peuvent faire partie du conseil. L'art. 495 est exclusivement spécial à la délibération qui doit donner au tribunal saisi de la demande en interdiction un avis sur l'état de celui que l'on veut faire interdire. Excepté le cas du mari tuteur légitime, le choix du conseil de famille est parfaitement libre. Celui qui a provoqué l'interdiction peut être nommé tuteur ; le fils peut être aussi choisi pour tuteur de son père

(1) Encycens, Zachariæ, t. 1, p. 257. — Chardon, *Puiss. maritale*, nos 351 et 352. — M. Demolombe, t. 8, n° 568.

interdit : l'art. 508 le suppose. Nous avons vu que les jurisconsultes romains avaient contesté que le fils pût être curateur de son père furieux.

Pour tout ce qui concerne le subrogé tuteur qui doit être nommé, ainsi que pour les causes d'incapacité, d'exclusion, d'excuses et destitution, l'art. 509 établit une assimilation entre la tutelle des interdits, et celle des mineurs. Nous verrons une exception en parlant de la cessation de la tutelle.

§ 2°. — *Administration de la tutelle de l'interdit.*

Les principes de la tutelle des interdits sont les mêmes que ceux de la tutelle des mineurs. Le tuteur représente l'interdit ; il doit prendre soin de sa personne et de ses biens (509, 450).

Le tuteur est seul en scène, l'interdit comme le mineur ne paraît pas dans les actes, il n'est pas conseillé ni assisté, il est représenté.

Le domicile du tuteur devient celui de l'interdit (108). Quand la femme sera nommée tutrice de son mari interdit, le domicile de la femme deviendra donc, par un renversement de la règle générale, le domicile du mari.

Si c'est un autre que la femme qui est tuteur, le domicile du mari interdit sera chez son tuteur, et par conséquent celui de la femme aussi; il n'y a en effet aucune raison légale de donner à la femme le droit de se créer alors pour elle-même et pour elle seule un établissement à part, ayant les caractères juridiques du domicile (1).

Relativement à la personne de l'interdit, le conseil de famille peut tracer des instructions obligatoires pour le tuteur (510); il peut aussi déterminer la somme à laquelle s'élèvera la dépense annuelle de l'interdit. La loi ajoute que les revenus de celui-ci

(1) En ce sens, Nîmes, 3 avril 1834. M. Demolombe, t. 4, p. 161.

doivent être essentiellement employés à adoucir son sort et à accélérer sa guérison. Ce n'est pas là une règle inflexible ; en principe on ne doit pas ménager les dépenses même de pur agrément qui peuvent lui procurer quelque satisfaction, mais tout est subordonné aux circonstances, à sa fortune, à sa position, au caractère de sa maladie. Si, par exemple, l'interdit possesseur d'une grande fortune est débiteur vis-à-vis de quelque parent d'une pension alimentaire, on pourra et on devra faire passer cette créance toute favorable avant les dépenses d'agrément, qui n'auraient pour but que de distraire l'interdit; d'un autre côté, quoique en règle ordinaire on doive régler les dépenses de l'interdit sur ses revenus, il n'est pas douteux que si son état l'exigeait, on ne pût prendre sur les capitaux. Qu'est-ce que des sacrifices pécuniaires en balance avec la guérison, si, à ce prix, on peut espérer l'obtenir?

En ce qui concerne les biens, un des premiers devoirs du tuteur est de recevoir les comptes de l'administrateur provisoire; ce dernier étant simplement comptable et non tuteur, n'est pas grevé d'une hypothèque légale, mais il pourrait être tenu par corps au payement du reliquat de ses comptes sans qu'il puisse être admis pour s'y soustraire au bénéfice de la cession de biens (126, 905 Pr.).

Si c'est l'administrateur provisoire qui est nommé tuteur, il doit arrêter son compte d'administration provisoire au jour où il pris la tutelle. Il y a à cette époque novation dans son titre, ses droits et ses obligations ne sont plus les mêmes. Mais les deux comptes seront rendus en même temps, à la fin de la tutelle (Arg. 895 Pr. *in fine*).

Le système général de l'administration du tuteur de l'interdit est le même que celui de l'administration du tuteur du mineur; la division des actes qui peuvent être faits doit être la même.

1° Actes que le tuteur fait valablement seul;

2° Actes pour lesquels il doit prendre l'autorisation du conseil de famille, mais pour lesquels elle est suffisante;

3° Actes pour lesquels, outre l'autorisation du conseil de famille, il faut l'homologation du tribunal, et quelquefois des formalités de plus, comme l'avis de trois jurisconsultes en cas de transaction;

4° Actes absolument interdits.

Il suffit de se reporter à la sect. VII du chap. II, Tit. X, art. 450-469.

Une hypothèse toute particulière à la tutelle de l'interdit, et que l'on ne peut concevoir dans la tutelle du mineur, est réglementée par l'art. 511. « Lorsqu'il sera question du mariage de l'enfant d'un interdit, la dot ou l'avancement d'hoirie et les autres conventions matrimoniales seront réglées par un avis du conseil de famille homologué par le tribunal, sur les conclusions du procureur impérial. »

On voit que le conseil de famille, dans ce cas, peut faire une disposition à titre gratuit; il fallait lui permettre de remplir un devoir que l'ascendant eût certainement accompli. Nous admettrons, quoique quelques auteurs soient d'avis contraire, que l'art. 511 devrait s'appliquer au cas où il s'agit de doter un petit-fils. *Enfants*, ne comprend-il pas *petits-enfants*? (914) Qu'on n'étende pas l'article au cas d'un grand-oncle célibataire et veuf, très-bien, le texte s'y oppose. Mais pour un petit-fils, pour un héritier à réserve de l'interdit, avec les termes de l'art. 511, je ne puis décider que toute constitution de dot est impossible (1).

Il me semble par le même motif que l'article recevrait encore une légitime application dans le cas de l'établissement d'un enfant naturel reconnu par l'interdit. C'est toujours un devoir du père ou de la mère dont l'accomplissement par le

(1) En ce sens, MM. Zachariæ, t. 1, p. 258; Taulier, t. 2, p. 123; Demolombe, t. 8, n° 686.

conseil de famille intéresse également la morale et la société.

Il est incontestable que l'art. 511 a trait à d'autres cas qu'à l'établissement par mariage, aux cas, par exemple, d'acquisition d'un office ou d'une charge pour l'enfant (1), d'achat d'un fonds de commerce; j'en dirais autant de l'hypothèse où c'est pendant le mariage et pour en soutenir les charges que l'avancement d'hoirie est nécessaire; en somme, le conseil a ce pouvoir toutes les fois qu'il y a lieu d'établir les enfants d'après l'état de nos mœurs et les habitudes des familles.

Seulement le conseil de famille ne pourrait pas faire la constitution *par préciput;* le Code porte en propres termes, *avancement d'hoirie*, et d'ailleurs il n'y a plus là de devoir à remplir, ce serait une préférence, un acte essentiellement personnel, qu'il n'y a aucun intérêt à favoriser.

Dans tous ces cas, « l'homologation, disait le conseiller d'État Emmery, ne doit pas être une pure formalité, le tribunal et le commissaire (ministère public) sont étroitement obligés par les devoirs de leur position de s'assurer que les intérêts de l'interdit ou que ceux de ses enfants ne sont pas sacrifiés à des intérêts opposés qui peuvent se trouver au sein de la même famille. »

Que le conseil de famille règle la dot ou l'avancement d'hoirie, c'est fort bien, mais qu'il règle *les autres conventions matrimoniales*, comme le porte l'art. 511, c'est aller trop loin. Certainement le conseil aura un certain droit de contrôle, en ce sens qu'il pourra refuser la donation si telles conventions matrimoniales sont arrêtées, comme pourrait le faire tout ascendant en qualité de donateur : mais si l'enfant est majeur, il fera évidemment tout seul son contrat de mariage, et s'il est mineur, ce sera avec l'assistance de ceux dont le consentement lui est nécessaire pour le mariage qu'il procédera au contrat ; si, étant mineur, il n'a pas d'ascendant, ce sera bien un conseil

(1) M. Valette *sur Proudhon*, t. 2, p. 552. Marcadé, sur 511.

de famille qui réglera avec lui les conventions matrimoniales, mais ce sera son conseil de famille à lui mineur, et non le conseil de famille de son père ou de sa mère interdits. Le premier est en principe composé de parents paternels et maternels, le second de parents paternels exclusivement, ou exclusivement de parents maternels.

Quand l'interdit est marié, plusieurs hypothèses peuvent se présenter relativement à la tutelle :

1° Le mari est tuteur de sa femme interdite ;

2° La femme, tutrice de son mari interdit ;

3° Un tiers, tuteur de l'un des conjoints interdits.

1° Le mari est tuteur de sa femme interdite. L'administration des biens communs reste la même. La qualité de tuteur lui confère l'administration des biens dont par contrat de mariage la femme s'était réservé l'administration ; il doit en faire inventaire et se conformer à toutes les règles de la tutelle. Même pour les biens qu'il administre en qualité de mari, il doit observer les règles spéciales à la tutelle quand il veut faire un acte qui dépasse ses pouvoirs de mari.

La femme interdite pourrait, en se faisant nommer un tuteur *ad hoc*, demander la séparation de biens contre le mari dont l'administration mettrait la dot en péril.

Relativement à la personne de la femme, le mari ne perd comme tuteur aucun des droits qu'il avait comme mari, seulement il doit consulter le conseil de famille sur la question de savoir si la femme doit être traitée dans son domicile ou dans une maison de santé, ou même dans un hospice (art. 510).

Nul doute que si le mari tuteur maltraitait sa femme, il pourrait être destitué (444), nul doute non plus que la séparation de corps ne puisse être demandée.

2° La femme est tutrice de son mari interdit.

Il y a ici un véritable renversement de rôles.

L'art. 507 dispose que le conseil de famille qui défère la tutelle à la femme pourra régler la forme et les conditions de l'administration, sauf le recours devant les tribunaux de la part de la femme qui se croirait lésée par l'arrêté de la famille.

Il faut admettre que ce pouvoir réglementaire du conseil de famille porte d'une manière large sur toute l'administration de la tutelle par la femme. Les travaux préparatoires en font foi. Le projet de la commission semblait borner le rôle du conseil de famille à déterminer, d'après les conventions matrimoniales, quels sont les droits qui appartiennent à la femme et quels sont ceux qui sont laissés au mari, mais on a généralisé la rédaction de manière à ce qu'il devienne évident que le conseil de famille demeure autorisé à régler toutes les difficultés que l'interdiction du mari peut faire naître (1).

Ainsi le conseil pourra interdire à la femme le droit de toucher les capitaux et d'en faire le placement sans le concours du subrogé tuteur; il pourra fixer à la femme, s'il le juge à propos pour les dépenses annuelles, une somme qu'elle n'aura pas le droit de dépasser. Mais, bien entendu, le règlement fait par le conseil ne peut être que *restrictif* des pouvoirs de la tutrice.

Dans tous les cas, et quel qu'en soit l'objet, la femme pourra se pourvoir contre l'arrêté de la famille; du reste la femme même non tutrice aurait également le droit de déférer au tribunal les délibérations du conseil qui lui feraient grief.

Lorsque la femme de l'interdit n'a pas été appelée au conseil de famille qui a nommé un tuteur, elle peut demander l'annulation de la nomination (2).

Nommée tutrice, la femme peut faire tous les actes d'administration tant sur les biens de la communauté que sur ceux du mari; elle doit faire en présence du subrogé tuteur, inventaire de ces biens. Pour les aliéner, il lui faut remplir les formalités prescrites pour l'aliénation des biens de mineurs: ce

(1) Voyez Locré, *Esprit du Code civil*.
(2) Bruxelles, 20 juin 1812. Rennes, 27 déc. 1830.

ne sera pas l'autorisation de justice, car elle n'agit pas comme femme mariée, mais celle du conseil de famille, et l'homologation du tribunal comme pour tout tuteur.

Même pour doter les enfants, elle ne peut disposer de ses biens personnels sans remplir les formalités de l'art. 511. En effet, comme femme mariée, elle ne pourrait avec l'autorisation de justice donner que la nue-propriété (1555).

La femme qui prend comme tutrice l'administration de la communauté ne peut pas être regardée comme ayant perdu le droit d'y renoncer.

Relativement à la personne de son mari, la femme tutrice a un pouvoir moins grand que celui du mari tuteur de sa femme; car elle n'a d'autorité qu'en tant que tutrice, le conseil de famille pourrait à cet égard lui tracer des instructions obligatoires.

Mais c'est en vertu de la puissance paternelle et non pas comme tutrice que les droits de garde, de direction et de correction passent à la femme. Le conseil ne pourrait certainement modifier ces droits qu'elle tient de sa qualité de mère.

Il est inutile de dire que la direction intérieure du ménage lui reste; tout ce que peut faire le conseil de famille, c'est de fixer une somme maximum à la dépense annuelle.

3° Un tiers est tuteur de l'un des conjoints interdits.

Supposons d'abord que c'est le mari qui est interdit.

La femme, dans ce cas, ne peut prétendre à l'administration de la communauté, quelques droits éventuels qu'elle puisse avoir à la partager; la communauté appartient au mari et se trouve dans les biens dont la gestion est déférée au tuteur (509). Il y aura là, il est vrai, une situation très-difficile pour la femme; le seul moyen d'éviter cet inconvénient, c'est, toutes les fois qu'elle en sera digne, de la nommer tutrice, sauf à restreindre ses pouvoirs si elle n'est pas suffisamment capable (1).

(1) Orléans, 9 août 1819. Rennes, 3 fév. 1819.

C'est donc le tiers nommé tuteur qui administrera la communauté; s'il administre mal et met les intérêts de la femme en péril, celle-ci pourra demander la séparation de biens, et il n'est pas douteux que les tribunaux ne prennent en considération la circonstance de l'interdiction du mari.

Le tuteur a sur les biens tous les droits que la tutelle confère; quant aux biens des enfants, il a l'administration de ceux dont le père interdit a la jouissance.

Il n'a aucune autorité sur la personne de la femme, rien ne lui est communiqué de la puissance maritale, et si la femme a besoin d'une autorisation, la justice seule pourra la lui donner.

Il n'exerce pas la puissance paternelle, elle appartient de droit à la femme, à la mère; celle-ci a aussi exclusivement la direction intérieure du ménage.

Supposons maintenant que c'est la femme qui est interdite et qu'un autre que le mari est tuteur.

Le tuteur prend l'administration des biens dont la femme s'était réservé la jouissance, le mari conserve la gestion de tous les autres.

Le mari ne perd pas la puissance maritale, mais le tuteur lui aussi est chargé de prendre soin de la personne et de la sécurité de la femme; le conseil de famille pourra quelquefois avoir à intervenir entre ces deux autorités en conflit et à décider, suivant les circonstances, dans quel lieu, chez qui, la femme interdite sera placée, quel sera le contrôle que pourra exercer celui auquel la garde n'aura pas été confiée.

§ 3. — *Cessation de la tutelle de l'interdit.*

La tutelle des interdits cesse en général par les mêmes événements que la tutelle des mineurs; si l'interdit recouvre l'exercice de ses facultés, on procédera à la mainlevée de l'interdiction; dès lors la tutelle n'aura plus sa raison d'être.

Mais il est un mode spécial d'extinction *ex parte tutoris* qui s'explique par le caractère particulier de l'incapacité de l'interdit. Tandis que la tutelle des mineurs a un terme fixé d'avance par la majorité, la tutelle des interdits peut durer indéfiniment, pendant toute leur vie peut-être, la charge deviendrait trop onéreuse; aussi (art. 508) : « Nul, à l'exception des époux, des ascendants et descendants, ne sera tenu de conserver la tutelle d'un interdit au delà de dix ans. A l'expiration de ce délai, le tuteur pourra demander et devra obtenir son remplacement. »

Si cette faculté est refusée à l'époux, aux ascendants et descendants de l'interdit, c'est, on le conçoit, qu'il s'agit pour eux, de l'accomplissement d'un devoir impérieux fondé sur la proximité de degré.

L'article est extensif, il n'est pas restrictif. Il faudrait se garder de croire qu'il prive le tuteur de l'interdit de faire valoir les causes d'excuses de droit commun. Le renvoi de l'art. 509 lui en assure du reste le bénéfice.

Quoique le texte de l'art. 508 ne mentionne que le tuteur, sa disposition nous semble également applicable au subrogé tuteur; car, malgré l'assujettissement plus grand du tuteur, l'esprit de la loi est de les assimiler l'un à l'autre, quant aux causes d'excuses dont ils peuvent se prévaloir (426). Et ceci est d'autant plus juste en matière d'interdiction, que les fonctions de subrogé tuteur deviendront quelquefois véritablement onéreuses, lorsque, par exemple, les pouvoirs de la femme tutrice sont restreints par le conseil de famille; dans ce cas, le subrogé tuteur partage en quelque sorte avec elle la charge de la tutelle.

Tout ce qui a trait à la reddition des comptes et à l'hypothèque légale dont les biens du tuteur sont grevés est applicable à la tutelle de l'interdit comme à celle du mineur; nous nous bornons à y renvoyer, comme le fait l'art. 507.

CHAPITRE III.

INCAPACITÉ DE L'INTERDIT.

Nous abordons la partie la plus difficile de notre sujet. Déterminer au juste quelle est l'incapacité qui résulte d'une sentence d'interdiction, quelle en est la nature, quelles en sont les limites et les conséquences, c'est trancher des questions qui sont encore aujourd'hui vivement controversées, en présence desquelles la doctrine et la jurisprudence arrivent bien difficilement à un système de solutions concordantes. En effet, tout ce que le Code nous présente comme élément de décision se borne à deux articles (502 503) d'un laconisme excessif; et certes les travaux préparatoires ne sont pas de nature à éclairer des textes déjà si obscurs. Les différents discours qui se sont produits à l'occasion de la rédaction de ce titre sont sur ce point pleins de contradictions, et l'on ne peut pas se dissimuler que chaque orateur comprenait le but du projet d'une manière notablement différente. M. Emmery a émis plusieurs fois des opinions qu'il est impossible de faire coïncider avec la rédaction adoptée. Quant à M. Bertrand de Greuille (1), il fait reposer toute son exposition sur l'assimilation complète de l'interdit avec le mineur non émancipé, et de celui qui est pourvu d'un conseil judiciaire avec le mineur émancipé; il semblerait bien qu'il y a là une règle d'interprétation claire et générale; malheureusement il est impossible de ne pas s'apercevoir, en étudiant un peu sérieusement la question, que l'assimilation n'est bien souvent qu'une lointaine ressemblance, et que pour quelques rappro-

(1) Fenet, t. 10, p. 711.

chements justes, il faut compter de très-nombreuses différences.

C'est assurément un regret pour quiconque se livre à un travail du genre de celui-ci, de ne pouvoir en tête de la matière exposer et démontrer les larges principes, les idées premières sur le sujet, pour n'avoir ensuite qu'à en déduire de fécondes et légitimes conséquences. Mais comment trouver dans l'œuvre du commentateur ce que le législateur n'a pas déposé dans la loi?

Une seule chose nous paraît avoir été dans l'esprit de tous dès le principe, et n'avoir depuis trouvé aucun contradicteur (1), c'est que l'incapacité de l'interdit est toute de protection; qu'il n'y a rien de pénal et d'afflictif, qu'il ne devrait y avoir rien d'humiliant; nous aurons à invoquer plusieurs fois cette vérité incontestable en équité et en droit, pour repousser certaines opinions qui, sans prétendre punir l'interdit, donnent à son incapacité une extension inutile (2).

L'étude de l'incapacité de l'interdit semblerait devoir se concentrer dans l'étude des actes faits par l'interdit postérieurement à l'interdiction; cependant la loi donne un certain effet rétroactif à l'interdiction et règle le sort des actes antérieurs de plus elle traite incidemment des actes d'une personne non interdite, mais actuellement décédée.

Nous parlerons donc successivement :

1° Des actes passés postérieurement à l'interdiction (502);

2° Des actes passés antérieurement à l'interdiction (503);

(1) Fenet, t. 10, p. 725.

(2) Un professeur de la Faculté de Dantzick, M. Heinroth, a soutenu le contraire, mais son système, condamné en Prusse, n'a pas même pénétré en France. Il posait en principe que l'aliénation mentale est toujours la suite des passions non réprimées, que l'insensé n'était pas un malheureux, mais un coupable ; de ce principe il tirait cette conséquence, qu'il ne faut pas soigner l'aliéné, le protéger, mais le punir; le principe est manifestement faux et la conséquence est atroce. Heureusement notre loi n'a rien de commun avec de semblables théories.

3° Des actes d'une personne non interdite et actuellement décédée (504).

§ 1er. — *Actes postérieurs à l'interdiction.*

Art. 502 : « Tous actes passés par l'interdit.... postérieurement à l'interdiction seront *nuls de droit.* »

Ces dernières expressions sont inexactes ou au moins bien équivoques. Certainement ces actes ne sont pas *inexistants, nuls,* d'une nullité *absolue* et *perpétuelle*, malgré les termes de la loi ; l'acte postérieur à l'interdiction n'est qu'annulable ; la nullité est relative (1125), temporaire (1304), elle peut être couverte par une ratification (1338).

Le législateur a seulement voulu opposer la situation de l'interdit à celle du mineur ; tandis que ce dernier ne peut se prévaloir de la restitution qu'autant qu'il a été lésé, *restituitur non tanquam minor, sed tanquam læsus* (1305). L'interdit profitera de la restitution, abstraction faite de toute preuve d'une lésion par lui soufferte. Il en est sous ce rapport de l'interdiction comme du défaut d'autorisation pour la femme mariée.

Le motif de cette différence entre le mineur et l'interdit se trouve dans la cause différente de l'incapacité de chacun ; chez le mineur, il n'y a que l'inexpérience de l'âge ; chez l'interdit, il y a une présomption légale d'insanité, présomption qui ne tient même pas compte des intervalles lucides (489) ; ceci, bien entendu, uniquement, comme nous le verrons, quant aux actes auxquels l'incapacité s'applique

Remarquons cependant que la loi ne considère pas le consentement de l'interdit comme impossible, nul et n'ayant aucun effet ; car nous venons de le voir, elle donne quelqu'effet de droit à l'acte ; il est annulable, il n'est pas inexistant,

Et à cet égard, nous admettrons avec M. Marcadé (1), malgré l'opinion contraire de la plupart des auteurs et les puis-

(1) T. 2, art. 504, no 2.

santes raisons données par M. Demolombe (1), que : « S'il était d'ailleurs prouvé que l'interdit n'avait pas sa raison au moment précis qu'il a fait l'acte, cet acte serait radicalement nul, non existant, et que dès lors, à quelqu'époque que l'on demandât aux tribunaux d'en reconnaître la nullité, cette nullité devrait être proclamée. » Je sais bien qu'on nous objecte que précisément la loi a voulu couper court à toute difficulté et controverse, sur le point de savoir si l'interdit, au moment précis où il a fait l'acte, avait ou n'avait pas sa raison. Il est certain que des procès auront lieu que l'autre système rend impossibles, mais je ne puis concevoir comment on arrive à voir une convention là où il n'y a pas absolument eu de consentement; je ne puis comprendre que l'effet de la présomption d'incapacité de l'art. 502 soit ainsi de valider un acte qui sans cette présomption serait radicalement nul.

Nous avons déjà vu que l'incapacité date du jugement même, de la prononciation à l'audience (502, 503).

L'art. 502 déclare que cette incapacité frappe sur *tous actes* passés postérieurement à l'interdiction. *Tous actes;* ces expressions sont très-larges; faut-il les entendre sans aucune restriction, d'une manière absolue? C'est certainement là la plus grosse question de la matière; elle est aussi controversée qu'elle est importante.

J'admettrai sans hésiter qu'il est certains actes, parmi lesquels je citerai le mariage, le testament, la reconnaissance d'un enfant naturel, l'adoption, que l'interdit peut valablement faire seul pendant un intervalle lucide; les textes de la loi, son esprit, les considérations les plus élevées de morale et d'équité ne me semblent pas permettre d'adopter une autre opinion.

Avant d'exposer les raisons qui nous paraissent décisives, examinons le système que nous combattons.

(1) T. 8, no 619.

Il faut reconnaître que dans le principe l'opinion qui soutient que l'incapacité de l'interdit est absolue, a été celle de tous ou de presque tous les auteurs (1). La généralité des termes de l'art. 502, que l'on prenait au pied de la lettre semblait bien ne comporter aucune distinction; on invoquait en outre le motif qui a inspiré au législateur une règle absolue, et lui a fait repousser la preuve des intervalles lucides : la difficulté d'apprécier chez l'interdit des lueurs fugitives de raison. On ne voulait pas, on ne veut pas encore aujourd'hui faire de différence en présence de l'art. 502, et cependant remarquons-le, l'unité n'existe pas au sein de cette doctrine; c'est qu'il est impossible de ne pas apporter quelque restriction à cette généralité prétendue sans limites des mots *tous actes* dans l'art. 502. La plupart n'appliquent pas, en matière pénale, cette présomption de l'art. 502 (64 Pén.) (2). Les uns accordent à l'interdit le droit de reconnaître un enfant naturel, mais lui refusent le droit de tester pendant un intervalle lucide (3). D'autres accordent aussi le droit de tester. Enfin, sur la capacité de contracter mariage, la divergence est plus grande encore; car si M. Duranton (4) enseigne que le mariage contracté par un interdit est seulement *annulable* aux termes de l'art. 1304, M. Marcadé (5) soutient que ce mariage est nul, *non existant* aux termes de l'art. 146. Si nous insistons sur ces dissentiments et ces contradictions, c'est que nous trouvons là une preuve de l'impossibilité où l'on est de maintenir sans concession la théorie de l'incapacité absolue.

(1) Delvincourt, t. 1, p. 55, note 1. — Toullier, t. 1, n° 502. Proudhon, édit. de M. Valette, t. 1, p. 375 et 437, note *a*, et t. 2, p. 531. — Duranton, t. 2, nos 27, 31. — Vazeille, Merlin, Marcadé.

(2) Il n'y a, je crois, que M. Lescyllier, qui l'ait soutenu. *Traité du droit criminel*, t. 1, ch. 1, n° 16.

(3) Favard, Rép., v° *Reconnaiss. d'enf. nat.*, sect. 1, § 1, n° 3.

(4) T. 2, nos 27, 31.

(5) T. 1, p. 456.

Peu à peu la jurisprudence et la doctrine sont en partie revenues sur cette manière de voir, et elles tendent aujourd'hui à s'arrêter à un système qui nous paraît être véritablement d'accord avec l'esprit de la loi; nous y trouvons l'avantage d'avoir un principe très-net qui mette à même d'atteindre, sans le dépasser, le but du législateur : protéger l'interdit sans le frapper, sans l'opprimer sous un prétexte de protection.

Voici le principe de l'incapacité de l'interdit et la formule de notre opinion : L'interdit est incapable de faire lui-même tous les actes dont la nature est telle que le tuteur peut les exercer pour lui; mais il reste capable de faire dans un intervalle lucide ceux dont l'exercice inséparable de la jouissance, est absolument personnel, et ne peut passer au tuteur.

N'est-il pas naturel, en effet, que la loi laisse à l'interdit la faculté de faire les actes qui ne peuvent être faits par le représentant légal qui lui est donné? Si pour beaucoup de droits elle lui enlève l'exercice, c'est qu'elle confie cet exercice à un mandataire qui en usera dans l'intérêt de l'interdit mieux qu'il n'en eût usé lui-même. Ce n'est jamais pour le dépouiller qu'elle le dépouille, ce n'est que pour mieux assurer l'exercice de ses droits; or, s'il est des droits qui ne puissent absolument être exercés par mandataire, dont la jouissance même serait perdue pour l'interdit si on lui en enlevait l'exercice, la loi se garde bien de priver gratuitement l'interdit sans compensation possible. Ce ne serait plus le protéger, ce serait le frapper inutilement, comme l'a fort bien dit M. Demolombe, d'une espèce de mort civile partielle, tout à fait injustifiable, parce qu'elle serait tout à fait imméritée[1]

Cette première idée étant donnée de notre système, avant d'entrer dans des détails plus approfondis, montrons bien que notre opinion ne va pas à l'encontre du texte de la loi, et que l'art. 502 avec les mots : *tous actes*, que l'on nous oppose comme une fin de non-recevoir inexorable contre toutes les distinctions que nous voulons établir, n'a pas dans la loi même et au point de vue de la concordance exacte des textes la généralité absolue que l'on affirme. Il ne s'agit pas en effet de prendre un texte tout seul et d'en donner une interprétation littérale et judaïque; avant même d'éclaircir le texte par l'esprit de la loi, éclaircissons les textes par les textes. Que nous dit l'art. 502 ? « Tous actes passés postérieurement par l'interdit ou sans l'assistance du conseil judiciaire sont nuls de droit. »

Que nous dit l'art. 499? Que celui auquel un conseil judiciaire est donné, est incapable de faire *certains actes* que cet article énumère, plaider, transiger, etc.

Donc dans l'art. 502, du moins relativement à celui qui a un conseil judiciaire, les mots *tous actes* sont entendus *secundum subjectam materiam*, et comprennent seulement les actes énumérés dans l'art. 499. C'est bien là, à moins que la loi ne soit contradictoire à trois articles de distance, une restriction incontestable à la portée que l'on prétend sans limites de l'expression *tous actes*.

Reportons-nous à l'art. 450; il est ainsi conçu : « Le tuteur prendra soin de la personne du mineur et le représentera dans *tous les actes* civils ». Ici nous trouvons l'expression *tous les actes*, comme dans l'art. 502 les mots *tous actes*. Or, de bonne foi, personne a-t-il jamais soutenu que le tuteur ferait absolument *tous les actes*, que le mineur serait absolument incapable d'en faire aucun, de se marier, de tester, de reconnaître un enfant naturel, d'être adopté? La loi donne autant de démentis à chacune de ces assertions. Évidemment, *tous les actes* doit s'entendre, *secundum subjectam materiam*, des actes dont la section VIII confère l'exercice au tuteur. Le rapprochement que nous faisons ici entre l'art. 502 et l'art. 450 est d'autant plus frappant qu'il est en quelque sorte indiqué par le législateur lui-même : l'art. 509 nous renvoie en effet de la matière de l'interdiction à celle de la tutelle.

Devant la combinaison si naturelle de ces textes doit tomber l'argument de texte que l'on prétend tirer de l'art. 502 et qui est tout le fondement de la théorie de l'incapacité absolue.

N'est-il pas du reste très-raisonnable que si, pour certains actes qui peuvent être exercés par le tuteur, la loi établit une incapacité légale qui ne permette pas de faire la preuve des intervalles lucides, elle laisse au contraire pour les autres qui ne pourraient être exercés par le tuteur, la question à juger en fait au tribunal? N'est-il pas parfaitement juste que ces actes soient valables si l'on décide qu'ils ont été faits en connaissance de cause, tandis qu'ils seront nuls ou annulés d'après le droit commun s'il y a eu défaut ou vice du consentement? De cette manière, l'interdit est protégé quand il a besoin de l'être seulement; il n'est pas privé de ses droits par une incapacité radicale et sans remède.

De ce que le législateur, à propos des actes qui rentrent dans les pouvoirs du tuteur, n'a pas eu égard aux intervalles lucides, ce que nous reconnaissons parfaitement, s'ensuit-il donc qu'il ne reconnaisse pas chez l'interdit de retour à la raison? Assurément non. Tous les aliénistes voient dans ces intermittences le retour complet des facultés; c'est un rétablissement, momentané c'est vrai, mais c'est bien un rétablissement et non pas seulement une fause apparence (2). « Pendant l'intermittence, dit Esquirol, l'aliéné jouit de la plénitude de sa raison, il a la conscience des actes qu'il commet; rien n'ébranle un aliéné qui est dans un intervalle lucide. » En présence des témoignages irrécusables de la science, peut-on prêter gratuitement à la loi cette idée malheureuse, que l'interdit est toujours, même dans les intervalles lucides, incapable de manifester une volonté sérieuse au sujet d'actes qui sont non-seulement l'exercice d'un droit, mais souvent aussi l'accomplissement d'un devoir, et dans lesquels son action ne saurait être aucunement suppléée? Non, je n'en fais pas un doute; commme l'a dit M. Valette (1), l'incapacité de l'interdit n'est que *corrélative aux pouvoirs du tuteur*.

(1) Explication sommaire du liv. I, p. 363, no 20.
(2) T. 1, p. 79 et suiv.

Ces principes posés, l'idée mère de nos solutions ayant été énoncée, et autant qu'il a été en nous justifiée, nous pouvons en quelques mots relativement à chaque acte important, en faire les applications.

L'interdit peut-il se marier?

Qu'il y ait là un empêchement prohibitif et que l'officier de l'état civil auquel un interdit vient demander de célébrer son mariage, refuse et veuille mettre sa responsabilité à couvert, nous l'accordons volontiers; il nous semble bien que l'art. 174 suppose qu'il y a là un empêchement. Il permet en effet à certains collatéraux de faire opposition au mariage en se fondant sur la démence, à charge de provoquer l'interdiction dans un certain délai. Mais qu'il y ait, lorsque le mariage de l'interdit a été célébré dans un intervalle lucide, un empêchement dirimant, qui emporte nullité du mariage, c'est ce que nous ne saurions aucunement admettre en vertu même des principes que nous avons posés tout à l'heure (1). Nous avons surabondamment démontré que l'on ne saurait argumenter pour établir cette nullité de l'art. 502, nous ne revenons pas sur ce point et nous n'en reparlerons plus désormais.

Nous ferons remarquer aux auteurs qui veulent que le mariage de l'interdit soit nul (art. 146) qu'ils violent l'art. 501, quant au caractère de la nullité qu'il établit, tout en l'invoquant quant à la présomption même de nullité. La nullité de l'art. 501, tout le monde en effet le reconnaît, est une *annulabilité*, une nullité *relative* et *temporaire* (1304). Nous ferons remarquer, à l'inverse, aux auteurs qui voient dans le mariage de l'interdit un mariage annulable, qu'il y a inconséquence à transporter au titre *Du Mariage* des dispositions sur l'interdiction qui ne lui sont certainement pas applicables; car ce serait bien le seul

(1) Nous avons eu l'honneur, cette année, de défendre ce système devant la conférence des avocats, sous la présidence de M. Rivolet, et de le faire adopter.

cas d'un mariage annulable dans les termes de l'art. 1304. — Cette alternative d'inconséquence, qui est inévitable quand on repousse la validité du mariage, ne peut se présenter quand on l'admet.

Quant aux travaux préparatoires dont un argumente contre nous, tout ce qui en résulte, c'est le rejet de la demande du Tribunat qui désirait une disposition formelle d'après laquelle la personne frappée de démence devait être considérée comme incapable de donner un consentement valable pour se marier, *lors même qu'elle aurait des intervalles lucides* (1).

Comment d'ailleurs admettre que l'on introduise et que l'on supplée ainsi sans texte formel une nullité de mariage? Ces matières ne sont-elles pas essentiellement de droit étroit? Un arrêt de cassat., du 12 nov. 1844 (2), a consacré cette doctrine en reconnaissant « que la nullité d'un mariage ne peut être prononcée que sur un texte formel... C'est pourquoi un chapitre entier est consacré aux demandes en nullité de mariage ; il est composé de 23 articles et tous les droits y sont prévus. » Le rapporteur dans cette affaire, M. Mestadier, fait très-bien ressortir cette idée, que, « loin de placer sur la même ligne un mariage *accompli* et un mariage *projeté*, le législateur permet aux collatéraux l'opposition fondée sur l'état de démence..., mais il ne permet pas de demander, sous prétexte de démence ou d'interdiction, la nullité d'un mariage *accompli*. »

Enfin, quel inconvénient y a-t-il à admettre la validité du mariage de l'interdit, car, en définitive, nous ne validons pas nécessairement le mariage : s'il y a eu fraude, captation, les juges, éclairés par l'état d'interdiction, trouveront facilement dans la théorie de droit commun sur les vices ou le défaut de consentement le moyen de prononcer la nullité d'un mariage contracté sans la pleine possession de la raison ; mais ne vaut-

(1) Locré, t. 3, p. 149.
(2) Cassat., 9 janv. 1824.

il pas mieux s'en rapporter, pour l'intérêt de l'interdit, à l'appréciation des magistrats, que de les forcer en raison d'une incapacité absolue, aveugle et inexorable, de prononcer une nullité que peut-être leur conscience réprouve? Car en effet le mariage peut être un bienfait pour l'interdit, c'est quelquefois le seul moyen de le soustraire à des soins mercenaires; on interdit souvent les sourds-muets; est-il raisonnable de les priver ainsi des joies de la famille? Pour être malheureux, sont-ils indignes d'exciter un dévouement et de trouver dans un époux le protecteur et l'ami qui adoucira leur infortune en la partageant (1)?

Je tiendrai certainement aussi pour valable la reconnaissance d'un enfant naturel faite par l'interdit pendant un intervalle lucide. L'incapacité d'exercer ce droit dont l'exercice est inséparable de la jouissance emporterait privation du droit lui-même. Ce n'est du reste pas autre chose que l'aveu d'un fait; il en résultera certainement pour l'enfant des avantages considérables, mais c'est la loi bien plutôt que l'interdit qui les lui assure; la jurisprudence valide la reconnaissance d'un enfant naturel faite par un mineur ou une femme mariée sans l'autorisation du mari ou de justice, les mêmes raisons ne militent-elles pas pour l'interdit?

Il n'y a pas d'ailleurs ici non plus d'inconvénient sérieux à laisser à l'interdit la faculté d'accomplir ce devoir. Tous les intéressés pourront contester la reconnaissance (339), l'interdit lui-même la fera tomber s'il a été trompé par une captation ou s'il a agi sous l'influence de la folie.

Nous réserverons également à l'interdit la faculté de disposer à titre gratuit pendant les intervalles lucides, soit par testament, soit par donation entre vifs; ce sont les actes d'une vo-

(1) En sens, M. Demolombe, t. 8, nos 638 et suiv. — M. Valette, Explication sur le titre des personnes, et à son cours. — Zachariæ, t. 3, p. 283. — M. Troplong. Revue Wolowski. t. 24, p. 53.

lonté toute personnelle dont l'exercice ne saurait être séparé de la jouissance, des droits pour lesquels l'art. 901 paraît s'être attaché uniquement au point de savoir en fait si, oui ou non, le testateur ou donateur était sain d'esprit. Il semble bien en effet que l'art. 901 crée une théorie toute particulière pour les donations et les testaments; la donation et le testament nous paraissent devoir être toujours, quant à leur validité, examinés au point de vue du fait et des circonstances, par les tribunaux: je ne crois pas qu'il y ait en ces matières à invoquer la présomption de nullité de l'art. 502 plus que la présomption de validité de l'art. 504. Nous entrerons dans quelques détails sur les travaux préparatoires en parlant de l'art. 504.

Vouloir distinguer entre le testament et la donation comme le fait M. Demolombe (1), c'est, me semble-t-il, faire une différence là où l'art. 901 n'en autorise aucune; c'est même compromettre la cause de la validité à l'égard du testament; nous sommes également pour les deux actes placés, par l'art. 901, sous l'empire exclusif du fait.

Je répéterai, pour mention seulement, que l'adoption est aussi un droit que sa nature doit faire réserver à l'interdit: les raisons sont les mêmes. Les formes de l'adoption donnent des garanties toutes spéciales; pourquoi d'ailleurs lui refuser la faculté d'adopter ou d'être adopté, et de s'assurer ainsi un père qui soit pour lui un protecteur éclairé, ou un fils dans le dévouement duquel il trouve à la fois soulagement et sécurité?

Avant de terminer sur ce sujet, il faut faire une observation grammaticale, mais qui présente cependant une coïncidence au moins curieuse; c'est que l'art. 502 dit : *tous actes passés ;* or a-t-on jamais dit : *passer* un mariage, *passer* une reconnaissance d'enfant naturel, *passer* un testament, *passer* une adoption? Aucun des actes que nous laissons à l'interdit le droit de

(1) T. 8, n° 647.

faire, ne pourrait être, sans fausser les termes, compris dans l'art. 502.

Par cela même qu'aux termes de l'art. 502 les actes passés postérieurement à l'interdiction sont nuls, ceux qui sont sous-seing privé et n'ont pas reçu date certaine avant l'interdiction pourront être attaqués; autrement, pour éluder la loi il n'y aurait qu'à faire souscrire à l'interdit un acte sous seing privé et à l'antidater. Il y aura là, je le crois, une question de fraude laissée à l'appréciation des juges qui pourront reconnaître date certaine à l'acte en dehors des trois cas prévus par l'art. 1328, mais qui pourront aussi admettre l'antidate (1). C'est ainsi qu'il a été jugé que des billets souscrits antérieurement à l'interdiction, sans date certaine, peuvent être tenus pour valables et l'interdit condamné sur la sincérité apparente de la date (2). En somme il ne faut ni admettre une présomption absolue de validité en se fondant sur l'art. 1322, ni admettre une présomption d'antidate résultant de la combinaison des art. 502 et 1328.

Il est intéressant, avant de terminer cette étude sur la nullité des actes postérieurs à l'interdiction et sur l'incapacité de l'interdit, de comparer cette incapacité avec celle du mineur.

L'art. 509 n'établit pas une assimilation absolue : il n'a trait qu'à la tutelle, et sur ce point même nous avons déjà constaté quelques différences; quant à l'incapacité, s'il y a une certaine analogie, les dissemblances sont importantes.

Les similitudes sont les suivantes :

1° L'un et l'autre sont privés des droits politiques et de la qualité de citoyen français. Constitution de l'an VIII, art. 2 et 3. L'art. 13 de la constitution de fructidor an XIII portait aussi : « L'exercice des droits de citoyen est suspendu par l'interdiction judiciaire... »

2° Tous deux sont étrangers à la vie civile, non pas en ce

(1) En ce sens, Duranton, t. 3, n° 779. Delvincourt, t. 1, p. 131.
(2) Orléans, 23 août 1837.

sens qu'ils sont privés des droits civils, mais en ce sens qu'ils n'en n'ont pas l'exercice; tous deux sont en tutelle et représentés dans les actes civils par leur tuteur (450). Ils ont l'un et l'autre leur domicile chez leur tuteur (108), et une hypothèque légale sur ses immeubles.

3° Les successions échues à l'un et à l'autre ne peuvent être acceptées que par le tuteur avec l'autorisation du conseil de famille, et sous bénéfice d'inventaire (461-776) L'autorisation est nécessaire aussi pour l'acceptation des donations.

4° Il y a prohibition d'aliéner leurs immeubles, sans autorisation du conseil de famille et homologation du tribunal. Les formalités qui sont nécessaires pour la vente des immeubles des mineurs le sont aussi pour la vente des immeubles des interdits (457. 458. 459. 2206).

5° Les formalités à observer dans les partages sont identiques pour les mineurs et les interdits (838).

6° La prescription sauf exception, ne court ni contre les mineurs ni contre les interdits (2252). Le délai de la prescription de l'action en rescision court pour le mineur depuis la majorité, pour l'interdit depuis la mainlevée de l'interdiction (1304). Mais nous pensons que la nullité pourrait être indéfiniment opposée à titre *d'exception* ou de *défense* suivant la maxime : *Quæ temporalia sunt ad agendum perpetua sunt ad excipiendum.*

7° L'incapacité de l'un et de l'autre est purement relative ; elle ne peut être invoquée par les tiers capables qui ont contracté avec l'un ou l'autre (1125).

8° L'engagement du mineur comme celui de l'interdit peut être ratifié quand l'incapacité a cessé (1338).

9° Le ministère public est chargé de veiller aux intérêts des interdits comme à ceux des mineurs ; il doit être entendu dans toutes les causes qui les concernent (815).

Cette dernière assimilation a été ajoutée au projet primitif sur les observations de la section de Législation du Tribunat (1).

Ni l'interdit, ni le mineur ne sont contraignables par corps.

Voici maintenant les principales différences.

1° Le mineur ne peut le plus souvent faire annuler l'acte passé en minorité qu'en établissant une lésion à son préjudice (1305), *restituitur non tanquam minor sed tanquam læsus*, et encore faut-il que cette lésion soit de quelque importance, *non de minimis curat prætor*. Les actes faits par l'interdit sont au contraire nuls de droit (502); il lui suffit d'établir que la date de l'interdiction est antérieure à la date de l'acte.

2° Le mineur au-dessous de 16 ans ne peut tester; celui qui est au-dessus de 16 ans peut tester sur la moitié de ce dont il pourrait disposer s'il était majeur (903. 904). La question de savoir si l'interdit peut tester est controversée; nous avons admis l'affirmative.

3° Le mineur ne peut donner entre vifs que par contrat de mariage (1398). Nous avons admis qu'en principe l'interdit peut disposer à titre gratuit entre vifs.

4° L'interdit ne peut être ni tuteur ni membre d'un conseil de famille, tandis que le mineur est, au contraire, de plein droit tuteur de ses enfants.

Il faudrait se garder, pour établir une différence de principe entre l'incapacité de l'interdit et celle du mineur, de dire avec M. Proudhon que la première est de droit naturel, tandis que la seconde est de droit positif. L'incapacité des aliénés est parfaitement de droit positif; la meilleure preuve en est qu'elle n'existait pas chez les Romains; on pourrait d'ailleurs aussi bien dire que celle du mineur repose sur le droit naturel: ce n'est donc pas là qu'il y a une différence (2).

(1) Fenet., t. 10, p. 701. Séance du 10 frim. an XI.

(2) M. Valette sur Proudhon, t. 2, p. 530, note *a*.

§ 2. *Actes antérieurs à l'interdiction.*

Art. 503. « Les actes antérieurs à l'interdiction pourront être annulés si la cause de l'interdiction existait notoirement à l'époque où les actes ont été faits. »

Le motif de cette disposition se conçoit facilement; déjà dans l'ancien droit la même doctrine était admise : « Comme il est fort rare, nous dit Denizart, que la démence survienne tout à coup, et que, d'ordinaire, elle a des progrès qui se manifestent successivement, on suppose alors que la démence est antérieure à l'interdiction, et s'il s'agit d'actes passés dans un temps voisin de celui où elle a été prononcée, pour peu qu'il y ait quelque circonstance pressante, la preuve s'admet facilement. » En effet, sans cette possibilité d'annuler les actes antérieurs, l'interdiction deviendrait souvent un remède illusoire, parce qu'il serait tardif. Mais, d'un autre côté, il faut sauvegarder l'intérêt des tiers qui auront été de bonne foi et qu'une erreur, peut-être invincible, aura fait contracter avec un homme déjà alt[illegible] dans sa raison, quoique non encore interdit.

Pour respecter à la fois l'intérêt de l'interdit et celui des tiers, le législateur, tout en déclarant les actes antérieurs valables en principe, réserve aux juges le droit de les annuler suivant les circonstances, sans même qu'il soit prouvé qu'au moment précis de l'acte la personne qui a contracté était hors d'état de consentir; il suffit que l'état de démence ait été notoire à cette époque.

Cette nullité n'est pas une nullité résultant d'une présomption légale comme celle de l'art. 502, elle naît de l'examen même de l'acte et des circonstances qui l'ont accompagné; elle ne présentera pas le même caractère; celle de l'art. 502 est uniquement relative et personnelle. La caution qui aurait garanti l'obligation ne pourrait, à moins de circonstances particulières, se prévaloir de cette exception purement personnelle au débiteur (2012, 2080). Au contraire, dans le cas de l'art. 503, la cause de nullité est intrinsèque, le cautionnement doit tomber avec l'obligation principale, à moins que la caution ne se soit engagée précisément en vue de cette chance d'annulation (1).

Le caractère de cette nullité étant ainsi fixé, examinons d'abord quelles sont les conditions nécessaires pour qu'elle ait lieu, et ensuite quels sont les actes auxquels elle s'applique.

1° Conditions pour que les actes antérieurs à l'interdiction puissent être annulés.

Il faut que la démence ait été notoire à l'époque où l'acte a été fait.

Les rédacteurs du Code étaient des praticiens, et il est bien probable qu'en parlant ainsi de la notoriété de la démence, ils se référaient au cas où véritablement la démence d'une personne est notoire, c'est-à-dire de notoriété publique, connue de tout le monde dans le lieu où elle réside. C'est ce qui semble bien ressortir de ces paroles de M. Emmery au Conseil d'État (2) : « Celui qui contracte avec une personne notoirement imbécille, notoirement en démence, est lui-même notoirement de mauvaise foi; on suppose que la notoriété de la cause d'interdiction existe par rapport à lui, et ne lui laisse aucun prétexte pour affecter une ignorance tout à fait invraisemblable. » Du reste, la question de notoriété est éminemment une question de fait laissée à la prudence des juges (3) ; ainsi ils pourront avoir égard au lieu où l'acte a été passé ; la notoriété de la démence sera plus facilement admise dans les campagnes que dans les villes; la continuité ou l'intermittence de la maladie sera prise en considération, comme aussi la bonne ou la mauvaise foi des tiers. Enfin, les tribunaux trouveront un élément puissant de déci-

(1) En ce sens, MM. Duranton, t. 3, no 783. Demolombe, t. 8. no 653.
(2) Fenet, t. 10. p. 713. Séance du 28 ventôse an XI.
(3) Orléans, 25 août 1837.

sion dans la date de l'acte, suivant qu'elle sera plus ou moins rapprochée du jugement d'interdiction.

La preuve de la notoriété peut être faite par tous moyens (1341, 1348, 1353). Les tiers, bien entendu, ne seront aucunement liés par l'enquête qui aura eu lieu dans la procédure en interdiction (1). Il se peut en effet parfaitement que la démence existât et ait été reconnue lors de l'enquête, et qu'elle ne fût pas notoire à l'époque où l'acte litigieux a été passé. Les tiers à cet égard n'ont pas été représentés dans la procédure (2).

Une seconde condition pour que la nullité soit possible, aux termes de l'art. 503, est que l'interdiction ait été prononcée.

On se demande cependant si une personne qui n'a pas été interdite pourrait attaquer les actes qu'elle a passés alors qu'elle n'avait pas l'usage de sa raison.

Sur cette question, MM. Duranton (3), Proudhon (4), et du reste presque tous les jurisconsultes s'accordent à reconnaître que l'interdiction n'est pas nécessaire quand la folie a été purement accidentelle, par exemple pour un acte passé dans l'ivresse ou dans le délire de la fièvre, autrement dans ces cas le succès de la fraude serait assuré. Doit-il en être de même quand il s'agit d'imbécillité, de démence ou de fureur? M. Proudhon croit que dans cette hypothèse l'interdiction doit être exigée (5); mais la plupart des auteurs pensent au contraire que, même dans ce cas, la nullité peut être prononcée à la requête du dément même dans le cas où l'on a négligé de faire prononcer son interdiction ;en effet les termes de l'art. 503 n'impliquent pas la nécessité de l'interdiction vis-à-vis du dément lui-même; pour le cas où il n'y a pas eu con-

(1) Nîmes, 10 mai 1819.

(2) En ce sens, MM. Duranton, t. 3, no 780, — Zachariæ, t. 1, p. 260. Chardon, *Puiss. tutél.*, no 212. Demolombe, t. 8, no 656.

(3) T. 3, no 782.

(4) T. 2, p. 331.

(5) T. 2, p. 327.

sentement, nous rentrons dans les termes du droit commun (1108, 1117); mais le dément non interdit pourrait-il demander à faire annuler sur la simple preuve de la notoriété de la démence au moment de l'acte (1)? Je le crois, les motifs tout particuliers de l'art. 504 n'existent pas ici, ce ne sont pas les héritiers, c'est l'insensé lui-même qui demande la nullité. Les magistrats auront un pouvoir d'appréciation; tout ce que nous voulons dire, c'est qu'ils pourront examiner la question de nullité même quand l'interdiction n'a pas été prononcée.

2° Actes auxquels s'applique l'art. 503.

Il semblerait d'abord, d'après la généralité des termes de l'art. 503, que la nullité peut être prononcée pour tous les actes absolument, mais cette solution me semble bien dangereuse; il en résulterait en effet :

1° Que toutes assignations, poursuites, dont l'interdit a été l'objet pourraient être annulées (2).

2° Que la prescription n'aurait pas couru contre lui, car, dit-on, si elle ne court pas contre l'interdit qui a un représentant et un défenseur dans son tuteur, elle doit *a fortiori* ne pas courir contre celui qui est en démence et qu'aucun jugement ne protége encore (3).

Nous ne pouvons pas admettre ces résultats, assurément ce sera une situation peu favorable que celle du malheureux en démence contre lequel courront des délais de déchéance qu'il sera peut-être absolument hors d'état d'interrompre. Mais l'intérêt de la société et des tiers ne peut non plus être sacrifié (4). Avant l'interdiction, l'insensé est toujours vis-à-vis des tiers à la tête de son patrimoine; ce n'est qu'à lui que les tiers peuvent

(1) En ce sens, M. Valette sur Proudhon, t. 2, p. 541. Duranton, t. 3, nº 782. Zachariæ, t. 1, p. 260. Marcadé, art. 503, nº 2. Lyon, 24 août 1831.

(2) Poitiers, 1 fév. 1842.

(3) Aix, 17 février 1832.

(4) M. Demolombe, t. 8, nº 658.

valablement s'adresser; d'un côté, s'ils n'agissaient pas contre l'insensé ils compromettraient inévitablement leurs droits; et de l'autre ils ne peuvent provoquer l'interdiction et sortir ainsi d'embarras en lui faisant donner un représentant légal; ils n'ont pas qualité à cet effet. C'est avec raison, à notre avis, que la jurisprudence a reculé devant les conséquences d'une extension absolue de l'art. 503, mais elle a peut-être été un peu loin en en restreignant l'application aux actes volontaires. Ainsi, elle a décidé que l'art. 503 n'a pas trait aux jugements qui ont été rendus pour ou contre l'interdit avant l'interdiction prononcée (1). Jugé, que le législateur ne peut, dans les art. 502, 503 et 504, « avoir eu l'intention de comprendre les jugements, qui ne sont pas des actes passés par les parties, mais émanés du juge, qui ne prononce que vérification faite de la demande, et qui ne peuvent être attaqués que dans les formes et dans les cas spécialement déterminés par la loi; qu'il est de toute impossibilité d'admettre que le législateur ait pu penser que la preuve de la démence pourrait résulter d'un jugement qui est l'œuvre du juge et non des parties.... »

L'art. 503 ne peut être, pensons-nous, appliqué à la prescription; la règle est qu'elle court contre toutes personnes, à moins qu'elles ne soient dans quelque exception établie par la loi (2251), la loi n'excepte que l'interdit (2). Ce serait abuser de l'art. 503 que d'en induire par voie de conséquence une suspension de prescription.

Disons en terminant qu'il est indubitable que, si un acte antérieur à l'interdiction portait en lui-même la preuve de la folie, il devrait être annulé sur la demande de l'interdit; puisque ses héritiers peuvent faire prononcer cette nullité, on ne saurait refuser le même droit à l'interdit lui-même.

(1) Poitiers, 31 août 1842. — Douai, 28 fév. 1848.
(2) En ce sens, Douai, 17 janvier 1848.

§ 3. — *Actes passés par une personne non interdite et actuellement décédée.*

Art. 504. « Après la mort d'un individu, les actes par lui faits ne pourront être attaqués pour cause de démence qu'autant que son interdiction aurait été prononcée ou provoquée avant son décès; à moins que la preuve de la démence ne résulte de l'acte même qui est attaqué. »

Notre ancien droit, dans l'hypothèse qui nous occupe, n'avait pas de règle bien uniforme et nettement formulée.

« La jurisprudence des arrêts, lisons-nous cependant dans Denizart (1), est que quand un homme est mort en possession de son état, cette preuve (de la démence) ne s'admet *qu'avec beaucoup de difficulté : on présume toujours en faveur de l'état...* On regarde comme un témoignage suspect celui de tous les parents qui l'ont laissé en possession de son état. »

La disposition de l'art. 504 me semble reposer sur trois motifs à la fois :

1° La loi se défie de la légèreté avec laquelle les héritiers allèguent la démence de leur auteur pour faire tomber les actes qui leur sont préjudiciables; elle a voulu tarir la source de toutes ces allégations, et couper court à tous les procès qui en naissent (2).

2° La personne elle-même n'est pas là pour se défendre, le problème de la capacité est plus difficile que jamais à résoudre; on peut dire que la pièce principale du procès manque désormais.

3° Les héritiers ont commis une faute de ne pas faire prononcer l'interdiction si réellement elle devait l'être, et sou-

(1) T. 3, vo *Interdiction*, no 26.
(2) M. Val. sur Proudhon, t. 2, p. 542.

vent, il ne sera que juste de les punir en repoussant leur allégation tardive par une fin de non-recevoir.

Aucun des deux derniers motifs ne suffirait à lui seul pour expliquer la loi, car, d'un côté, l'art. 504 admet la preuve de la démence quand l'interdiction a été seulement *provoquée* et non *prononcée* avant le décès; c'est donc que la mort de l'insensé ne rend pas aux yeux de la loi le problème de sa capacité définitivement insoluble; et, d'un autre côté, l'article ne distingue pas entre ceux qui pouvaient et ceux qui ne pouvaient pas provoquer l'interdiction, comme les légataires et tous les successeurs étrangers à la famille; il oppose à tous la même fin de non-recevoir; on ne peut donc dire que ce soit toujours la peine d'une faute; ces derniers n'en ont commis aucune.

Étudions en détail quelles sont au juste les conditions nécessaires pour que cette fin de non-recevoir soit opposable; nous verrons ensuite quels sont les actes auxquels elle s'applique.

1° Conditions nécessaires pour que la fin de non-recevoir de l'art. 504 soit opposable.

D'abord une remarque importante à faire, c'est que si les héritiers, pour demander la nullité des actes passés par le *de cujus* non interdit, se fondent sur une cause autre que la démence, s'ils invoquent, par exemple, le dol, la fraude, ou la lésion dont il a été victime, l'art. 504 n'est pas applicable; en ce sens, à notre avis, il a été très-bien jugé qu'un contrat entaché de démence de la part d'une partie contractante et de dol ou de surprise de la part de l'autre, peut être attaqué après le décès de l'insensé sans que son interdiction ait été prononcée ni même provoquée (1).

(1) Cass. 7 juillet 1814.

Mais cette hypothèse ainsi écartée, et dans le cas où c'est sur la démence même que les héritiers se fondent pour demander la nullité, quelles sont les conditions exigées pour que les tiers puissent les repousser aux termes de l'art. 504?

Il faut que l'interdiction n'ait été ni *prononcée*, ni *provoquée*; il faut de plus que *la preuve de la démence ne résulte pas de l'acte même* (504).

Prononcée : M. Demolombe fait très-justement observer que, aux termes de l'art. 504, il semblerait bien que l'hypothèse prévue ici est celle d'une interdiction qui aurait été prononcée et dont le *de cujus* aurait avant son décès obtenu la mainlevée, car ce n'est que dans ce cas que véritablement la nullité sera demandée *pour démence*; dans le cas d'une interdiction encore existante au décès, les actes seront évidemment ou passés pendant l'interdiction (502) ou passés avant (503), et dans l'une et l'autre hypothèse la nullité sera demandée *pour interdiction* et non pas *pour démence*. Mais cette solution serait bien fâcheuse : elle permettrait de mettre en question tous les actes postérieurs à la mainlevée de l'interdiction; les successeurs de l'insensé ne manqueraient presque jamais de soutenir qu'il était retombé dans son ancien état; c'est dans ce cas plus que jamais qu'il est nécessaire de protéger sa mémoire et de couper court à tous les procès. — D'ailleurs, il semble que dans l'art. 504 le législateur ne songeait pas à une interdiction dont la mainlevée aurait été prononcée avant le décès : l'ensemble de la phrase le montre bien : *prononcée ou provoquée*, ces mots ont évidemment trait à l'actualité de l'interdiction, comme à l'actualité de l'instance.

Provoquée : il suffit que l'interdiction ait été provoquée. Mais évidemment, si la demande en interdiction formée avant le décès de l'individu dont on voudrait attaquer les actes avait été rejetée ou déclarée périmée, l'interdiction devrait être considérée comme n'ayant pas été provoquée; ainsi le veulent à la fois les principes et la raison. L'article suppose évidemment une demande encore pendante au moment du décès et non pas une demande déjà déclarée mal fondée par les tribunaux. Nous en dirions autant si le demandeur s'était désisté (1).

Pour que l'interdiction soit provoquée suffit-il que la requête ait été présentée au président du tribunal ou bien est-il nécessaire que la procédure soit devenue contradictoire? Je ne m'arrêterai pas à une distinction *à priori* de ce genre; c'est une question de fait livrée à l'appréciation des juges : l'interdiction a-t-elle été sérieusement provoquée? Elle peut l'être quelquefois très-sérieusement, alors même que la requête seule a eu lieu; le décès de l'interdit peut être survenu peu de temps après que le demandeur en interdiction a connu les faits de démence, et avant qu'il ait pu pousser la procédure plus loin que la requête. D'ailleurs le Code, art. 495, considère l'interdiction comme provoquée dès avant que le conseil de famille ait donné son avis, et par conséquent dès avant que l'individu dont l'interdiction est poursuivie en ait été averti. D'un autre côté, je n'admettrai pas toujours que la requête suffise pour que l'on tienne l'interdiction pour provoquée; il se peut que la requête n'ait été présentée que pour faire fraude à la loi et en quelque sorte *in extremis*; la justice pourrait fort bien refuser de voir là une provocation véritable et sérieuse de l'interdiction, une provocation répondant au but que s'est proposé l'art. 504 (2).

Pour que la fin de non-recevoir de l'art. 504 puisse être invoquée par les tiers, il faut de plus, avons-nous dit, que la démence ne résulte pas de l'acte attaqué par les héritiers.

La raison de cette exception saute aux yeux, le législateur ne pouvait consacrer des actes qui appartiennent évidemment à la folie; c'est une question toute de fait; la solution serait facile si l'on trouvait dans l'acte, comme le suppose M. Chardon, quelque stipulation ridicule, impossible ou cynique (3).

(1) Caen, 27 juillet 1832.
(2) M. Demolombe, t. 8, no 670. Paris, 13 juill. 1808.
(3) *Puissance tutélaire*, no 214.

Faut-il que la preuve de la démence résulte uniquement de l'acte attaqué et sorte toute faite de l'examen de cet acte? M. Demolombe admet que l'on ne pourrait aucunement aller chercher ailleurs et en dehors le complément de cette preuve; il faut que l'acte se suffise à lui-même (1). M. Valette est d'avis que « peut-être le vrai sens de l'article est que si l'interdiction n'a été ni prononcée, ni provoquée, on pourra néanmoins argumenter de l'état habituel de démence, lorsque le contenu de l'acte attaqué fournit, non pas précisément la preuve complète, mais seulement un commencement de preuve ou une semi-preuve de la démence (2). » Il est bien certain que d'après les termes de l'art. 504, l'acte doit être le principal argument, le motif déterminant; il faut que la preuve en résulte. Mais il est presque impossible de forcer les juges à décider de la démence sur l'acte absolument seul et isolé de tout ce qui peut lui donner son vrai sens, sa portée naturelle; l'acte même ne sera souvent plus l'acte, si on le prend abstraction faite de l'état de l'intelligence de celui qui l'a consenti. Mais d'un autre côté, je le reconnais, la réserve des juges sur l'admission des preuves accessoires doit être très-grande, autrement ce serait retomber précisément dans tous les procès que le législateur a voulu éviter.

En dehors du cas où la preuve de la démence résulte de l'acte même, les héritiers ne peuvent demander à prouver que le défunt était en état d'imbécillité, de démence ou de fureur, lors même qu'ils allégueraient que cet état était habituel et notoire.

Ils ne peuvent non plus demander à prouver que le défunt était en état de démence au moment précis où l'acte a été passé: l'art. 504 n'admet l'action qu'autant que la preuve de la démence résulte de l'acte même qui est attaqué. La fin de l'article serait dérisoire et même inintelligible s'il était vrai que la

(1) T. 8, no 667.
(2) Sur Proudhon, t. 2, p. 543.

démence contemporaine de l'acte pût être établie par toute sorte de preuves. Le législateur a voulu couper court aux procès et empêcher dans la plupart des cas des enquêtes toujours déplorables et incertaines.

2° Actes auxquels s'applique la fin de non-recevoir de l'art. 504.

L'art. 504 se sert, comme les art. 502 et 503, du mot *actes ;* nous nous référons sur ce point à ce que nous avons dit plus haut.

Ajoutons cependant que l'art. 504, pas plus que l'art. 503, pas plus que l'art. 502, ne s'applique aux donations entre-vifs et testaments; nous avons déjà donné le principe de la solution sous l'art. 502; entrons plus avant dans l'examen de la difficulté :

Pour soutenir que l'art. 504 doit s'appliquer aux donations et aux testaments, on fait remarquer qu'il est général dans ses termes, qu'il comprend tous les actes sans en excepter aucun, que d'ailleurs les actes à titre gratuit sont précisément les plus exposés aux attaques que l'art. 504 a pour but de prévenir. Mais je réponds que l'art. 504 ne peut être applicable aux actes à titre gratuit en présence de l'art. 901 qui, dans sa généralité, exige simplement pour la validité des donations entre-vifs et des testaments, la sanité d'esprit au moment de l'acte. C'est là la seule interprétation possible de cet article qui, autrement, ne ferait que poser une règle parfaitement inutile; 901, comme le dit Merlin, eût été un *pléonasme* dans le Code, si 502, 503 et 504 eussent eu trait aux dispositions à titre gratuit.

Les travaux préparatoires sont décisifs dans cette question et apportent à notre opinion la plus éclatante confirmation (1).

(1) Fenet, t. 12, p. 296.

L'art. 901 contenait dans le projet la disposition suivante : « Ces actes ne pourront être attaqués pour cause de démence que dans le cas et de la manière prescrite par l'art. 17 du titre *De la majorité et de l'interdiction* » (aujourd'hui 504 du Code). Ce renvoi à l'art. 504 fut supprimé sur les observations du consul Cambacérès, et cela pourquoi? Le procès verbal du conseil d'État nous en donne le motif : « Le consul Cambacérès pense que la seconde partie de cet article présente *une disposition trop absolue...* »

M. Tronchet ajoute que d'ailleurs l'art. 17 (504) du titre *De l'interdiction* auquel on renvoie est *trop restreint ;* il n'admet les familles à faire valoir la cause de démence que lorsque l'interdiction a été provoquée du vivant de l'auteur des actes attaqués ; mais la famille, espérant le rétablissement d'un parent en démence, diffère souvent par cet espoir de poursuivre son interdiction.

M. Muraire craint, si la seconde partie de l'article est supprimée, que les tribunaux ne regardent l'article 17 (504) du titre *De l'interdiction*, comme une règle absolue et dont il ne leur soit pas permis de s'écarter, même en matière de donations ou de testaments.

Le consul Cambacérès pense « *qu'il faut donner une grande latitude à la preuve ;* la première partie de l'article contient une règle simple qui suffit : *le reste doit être abandonné aux tribunaux ...* »

« M. Emmery dit que *l'art. 17 (504) du titre* De l'interdiction *ne concerne ni les donations ni les testaments.* »

Il résulte manifestement de cette discussion que les art. 502, 503, 504, ne sont pas applicables aux donations entre-vifs et aux testaments ; l'art. 901 est une règle à part, spéciale à la matière. Rien d'ailleurs n'est plus raisonnable que cette distinction entre les actes à titre gratuit et les actes à titre onéreux ; si les présomptions de raison ou de démence sont bonnes pour éviter les procès sur la masse des actes à titre onéreux ;

la question dans les actes à titre gratuit n'est souvent pas une question d'intelligence ou de folie, mais une question de captation, de suggestion ; difficulté toute de fait, que les circonstances éclaireront aux yeux des juges, mais dont les tribunaux doivent être appelés à connaître, examinant tout en fait. Il fallait déjouer les spéculations sur la faiblesse. C'est aux approches de la mort que ces actes se produisent le plus souvent, alors que la cupidité et l'avarice sont à épier le moment de faire faire une disposition à titre gratuit. On conçoit que des présomptions reposant sur l'interdiction ou la non interdiction n'ont rien à faire ici (1).

Avant de quitter le sujet de l'incapacité de l'interdit, une observation essentielle doit se placer ici, c'est que dans tout ce qui précède nous n'avons jamais supposé que la personne non interdite fût dans une maison d'aliénés. S'il s'agissait d'un individu placé dans un tel établissement, il faudrait appliquer l'art. 18 de la loi du 30 juin 1838. Nous nous occuperons de cette loi plus loin.

CHAPITRE IV.

PERSONNE DE L'INTERDIT.

Tout ce qui, relativement aux soins à donner à la personne de l'interdit, rentre dans les obligations du tuteur a été exposé plus haut ; nous nous bornons à y renvoyer.

Nous avons vu également que l'interdit n'est pas contraignable par corps.

(1) En ce sens, M. Valette sur Proudhon, t. 2, p. 513. — M. Demolombe, t. 8, nº 675. Poitiers, 27 mai 1809. — Cassat. 22 nov. 1810. — Cassat. 17 mai 1813. — Cassat. 19 déc. 1814. — Cassat. 26 mai 1822. — Cassat., 22 nov. 1827.

Il se peut que l'interdiction ait lieu pour cause de fureur, et que l'existence libre du furieux soit capable de compromettre la sûreté publique; des précautions spéciales deviennent alors nécessaires.

L'art. 15 de la loi du 22 juillet 1791 sur la police municipale portait que ceux qui auraient laissé divaguer des insensés ou furieux, seraient, indépendamment des dommages intérêts vis-à-vis des parties lésées, condamnés à une amende qui ne pouvait être au-dessous de 2 fr. ni excéder 50 fr., et si le fait était grave, à la détention de police municipale. Ces dispositions ont été remplacées par les art. 475-7° et 479-2° du Code pénal de 1810 qui établissent une amende, suivant les cas, de 6 à 11 fr. et de 11 fr. à 15 fr. « Ceux qui auront laissé divaguer des fous ou furieux étant sous leur garde, ou des animaux malfaisants ou féroces; ceux qui auront excité ou n'auront pas retenu leurs chiens..... » C'est très-bien d'édicter des peines contre la négligence, mais à coup sûr il eût été plus convenable d'éviter dans la rédaction de l'article une assimilation insultante pour l'humanité.

Quand l'interdit est furieux, il serait trop rigoureux de transformer son tuteur en geôlier. Le furieux devra être alors renfermé dans une maison de force. Mais cette détention n'est pas une peine, c'est une mesure de précaution pour l'avenir, elle est du ressort de l'administration qui a la police de prévoyance, et non des magistrats de l'ordre criminel, qui statuent seulement sur les peines. Cette séquestration ne peut être que provisoire, autrement le principe de la liberté individuelle serait violé; il faut reconnaître qu'avant la loi de 1838, bien des détentions illégales avaient lieu, sur lesquelles la justice fermait les yeux. Cet état de choses, à cause de l'utilité réelle de semblables mesures dans les cas où l'interdiction ne pouvait être prononcée, avait passé dans la pratique universelle; la loi de 1838 sur les aliénés est venue la régulariser; nous en parlerons plus bas.

CHAPITRE V.

CESSATION DE L'INTERDICTION.

L'interdiction cesse de plein droit par la mort de l'interdit.

De plus, l'interdiction cesse avec les causes qui l'ont déterminée, c'est-à-dire lorsque l'insensé recouvre la raison. Mais cet effet ne se produit pas de plein droit, art. 512 :

« L'interdiction cesse avec les causes qui l'ont déterminée; néanmoins la main levée ne sera prononcée qu'en observant les formalités prescrites pour parvenir à l'interdiction; et l'interdit ne pourra reprendre l'exercice de ses droits qu'après le jugement de main levée. »

C'est donc la main levée qui fait cesser l'interdiction; les juges décident en fait si la personne est revenue à la raison, et s'il y a lieu de la remettre dans la position où elle se trouvait avant le jugement d'interdiction. Mais il faut un jugement; c'est une application du principe : *Nihil tam naturale est quam eo genere quidque dissolvi quo genere colligatum est.*

C'est une question très-débattue dans la doctrine et dans la jurisprudence, que de savoir par qui et contre qui la demande en main levée d'un jugement d'interdiction doit être formée : car si l'art. 502 parle des *formalités* qui doivent être remplies, il ne dit rien des *personnes* qui sont parties dans l'instance.

Il nous semble que la demande doit être formée par l'interdit contre son tuteur.

Pour refuser ce droit à l'interdit, on a dit : 1° qu'il était incapable d'agir lui-même, se trouvant dans *la plus basse minorité* (1); 2° que puisque, aux termes de l'art. 512, le jugement

(1) M. Chardon, *Puiss. tutél.*, n° 255.

de mainlevée lui rend l'exercice de ses droits, c'est qu'il n'a pas cet exercice avant le jugement, qu'il ne peut donc lui-même provoquer la mainlevée; 3° qu'enfin, il est d'autant plus raisonnable de lui refuser ce droit; que s'il en était investi, il ne manquerait pas d'en abuser en présentant chaque jour une requête en mainlevée; c'est, en effet, le plus souvent une idée fixe chez les aliénés de croire qu'ils sont dans la pleine possession de leurs facultés et qu'on se trompe sur leur état mental.

Nous répondrons au premier argument : que la tutelle à laquelle l'interdit est soumis ne lui enlève pas l'exercice de tous ses droits, nous l'avons déjà prouvé; or, s'il est un droit qui soit précieux, sacré, et dont l'exercice ne doive pas périr sur sa tête, c'est assurément le droit de demander la cessation de son incapacité; au second argument, nous objecterons qu'invoquer ici l'art. 512, c'est faire une véritable pétition de principe, car ce qui est en question c'est précisément de savoir si un droit est laissé à l'interdit; il est bien clair que la main levée ne pourra lui rendre que les droits que l'interdiction lui aura enlevés. Quant aux dangers ou plutôt aux inconvénients que l'on signale, je crois que le vrai danger serait d'étouffer les plaintes de l'interdit et de mettre un obstacle infranchissable entre ses réclamations, qui peuvent être fondées, et la justice ; l'inconvénient du reste n'est pas très-grand; le président auquel la requête est présentée pourra toujours n'y donner aucune suite si elle n'est pas sérieuse (1); en résumé, dans une instance d'interdiction celui qui en est l'objet doit nécessairement être partie, comme demandeur s'il s'agit de faire prononcer l'interdiction, comme défendeur s'il s'agit de la faire lever (512).

Nous avons dit que la demande en mainlevée doit être formée contre le tuteur de l'interdit, c'est lui qui est le contra-

(1) En ce sens, M. Valette sur Proudhon, t. 2, p. 553. Chauveau sur Carré, quest. 3037. Bordeaux, 8 mars 1822.

dicteur naturel de cette demande, c'est lui qui représente tous les intérêts que l'interdiction a pour but de protéger. D'ailleurs je ne vois pas contre quel autre que le tuteur cette demande pourrait être intentée ; ceux qui ont provoqué l'interdiction et qui sembleraient devoir être défendeurs à la main levée peuvent ne plus exister, et on ne peut admettre que l'interdit forme valablement sa demande en main levée contre tout parent à son choix, à quelque degré qu'il lui plaise de s'arrêter. Je sais bien qu'un arrêt de la Cour de cassation (1) a tranché la difficulté d'une manière très-simple, « *le conseil de famille et le ministère public sont les véritables contradicteurs sur cette demande, et les seuls qui soient nécessaires aux termes de la loi.* » Ce qui revient à dire que la demande en mainlevée d'interdiction peut avoir lieu sans contradicteur, sans défendeur, car le ministère public n'est pas partie principale, mais partie jointe (2), et de l'autre, le conseil de famille n'est pas en cause : il donne seulement un avis; il nous paraît bien douteux que ce système soit celui du Code civil.

Le conseil de famille qui sera consulté par le tribunal pourra du reste toujours intervenir dans l'instance, soit pour appuyer, soit pour combattre la demande en mainlevée.

Nous n'admettrions pas non plus que cette demande pût être formée par le tuteur, le subrogé tuteur, ou un parent de l'interdit ; cette faculté serait certainement une garantie précieuse contre la fraude d'une famille qui voudrait retenir un de ses membres en interdiction, mais je ne vois pas dans ce cas comment organiser la procédure; l'interdit est le demandeur naturel en mainlevée, comment concevoir qu'il y devînt défendeur quand un de ses parents serait demandeur; il doit jouer un rôle dans la procédure, il ne peut évidemment jouer que celui de demandeur (3)

(1) 12 fév. 1816.
(2) Cassat. 14 juin 1812.
(3) M. Demolombe, t. 8, no 681.

C'est du reste avec une hésitation extrême que je donne ces solutions; ni le Code civil, ni le Code de procédure ne fournissent d'aucun côté des éléments de décision satisfaisants.

Le tribunal compétent est celui du domicile de l'interdit, c'est-à-dire du domicile de son tuteur (108) (1), quand même ce domicile ne serait pas celui qui a attribué compétence dans la demande en interdiction (2). En effet, la demande en mainlevée est *principale* : elle n'a aucunement pour objet ce qui concerne l'exécution du jugement d'interdiction; l'art. 512 nous renvoie en termes généraux aux articles précédents et par suite à l'art. 492.

Les formalités (art. 512) de la demande en mainlevée sont les mêmes que celles de la demande en interdiction :

1° Requête au président du tribunal (890 Pr.).

2° Communication au ministère public sur l'ordonnance de *soit communiqué* et nomination d'un rapporteur (891 Pr.);

3° Rapport du juge commis et conclusions du ministère public (892 Pr.)

4° Avis du conseil de famille sur l'état de l'interdit (892 Pr. 494 Civ.);

5° Interrogatoire de l'interdit en la chambre du conseil (496 Civ.;)

6° Jugement en audience publique (498).

L'art. 512 ne nous renvoie qu'aux formalités nécessaires pour parvenir au jugement; les mesures de publicité postérieures au jugement, prescrites pour la sentence d'interdiction (501) ne seront donc pas exigées ici. Les motifs ne sont d'ailleurs plus les mêmes, il importe beaucoup plus aux tiers de connaître l'*incapacité* que la *capacité* ; on peut, du reste, s'en remettre sur ce point à l'intérêt puissant qu'il y a pour l'inter-

(1) M. Colmet Daage sur Boitard, t. 2, p. 507.

(2) M. Bioche, v° *Interdiction*, n° 134. Carré et Chauveau, n° 3038 Lepage, 593.

dit à donner la preuve de la cessation de l'interdiction en représentant le jugement de mainlevée (1).

Le jugement de mainlevée est comme celui d'interdiction susceptible d'appel de la part de ceux qui ont figuré dans l'instance comme parties (2).

Quoique la loi n'en dise rien, il serait, ce semble, bien rigoureux de ne pas laisser au tribunal d'autre alternative que de maintenir l'interdiction ou de prononcer la mainlevée; je ne doute pas qu'il n'ait, par application de l'art. 499, le droit de réduire l'interdiction à l'assistance d'un conseil judiciaire.

(1) M. Duranton, t. 3, n° 793. M. Valette sur Proudhon, t. 2, p. 554. M. Demolombe, t. 8, n° 684.
(2) Cassat., 14 juin 1842.

APPENDICE.

INTERDICTION LÉGALE.

L'interdiction légale ne rentre pas à proprement parler dans notre sujet; quelques mots ne seront cependant pas hors de propos pour rapprocher ses effets de ceux de l'interdiction judiciaire.

Art. 29 du Code pénal : « Quiconque aura été condamné à la peine des travaux forcés à temps, de la détention ou de la réclusion sera, de plus, pendant la durée de sa peine en état d'interdiction légale ; il lui sera nommé un tuteur et un subrogé tuteur, pour gérer et administrer ses biens, dans les formes prescrites pour les nominations des tuteurs et subrogés tuteurs aux interdits. »

C'est un article trop laconique pour déterminer au juste quelle est durant l'interdiction légale l'incapacité du condamné; aussi, bien des systèmes, bien des controverses se sont élevés à ce sujet.

Il est cependant quelques points sur lesquels tout le monde est d'accord :

Tandis que le but de l'interdiction judiciaire est uniquement de protéger, le but de l'interdiction légale est de punir, de réprimer; c'est là l'origine de différences nombreuses et importantes entre l'une et l'autre institution : ainsi l'art. 510 prescrit au tuteur d'employer essentiellement les revenus de l'interdit à adoucir son sort et à accélérer sa guérison ; au contraire, l'art. 31 du Code pénal défend que pendant la durée de la peine il soit remis au condamné aucune somme, aucune provision, aucune partie de ses revenus. La loi trouve dans l'interdiction une aggravation de peine et un moyen d'assurer l'effet de la répression; l'exercice libre des droits et les relations extérieures que cet exercice suppose sont incompatibles avec la situation du condamné; il importait en outre de ne pas lui laisser des ressources dont il eût pu se faire un moyen d'évasion.

On s'accorde aussi, assez généralement, à reconnaître que l'interdiction légale n'a pas lieu pour les condamnations par contumace; dans ce cas, les biens du condamné sont régis comme biens d'absents. (Inst., crim., 471.) L'art. 29 Pén. semble bien par ses termes, *pendant la durée de la peine* (1), supposer que la condamnation est effectivement subie. L'interdiction légale cesse avec la peine, à la différence de la dégradation civique dont les effets survivent à la répression matérielle et subsistent jusqu'à la réhabilitation. (Inst. crim., 634.)

Une similitude de position universellement admise entre l'interdit judiciairement et le condamné frappé d'interdiction légale est que l'un et l'autre sont bien privés de l'exercice, mais non pas de la jouissance de leurs droits civils.

Sur la portée qu'il faut donner à l'incapacité dans l'hypothèse de l'art. 25, on est fort peu d'accord; les monuments de jurisprudence sont rares et la doctrine est très-partagée.

Suivant certains auteurs, cette interdiction n'a trait qu'à l'administration des biens du condamné, et ne lui enlève pas en principe l'exercice de ses droits civils. Ce système s'appuie surtout sur un argument historique : on fait remarquer que la législation du Code pénal de 1817 n'a pas reproduit une disposition du Code pénal de 1791, d'après laquelle le condamné ne pouvait « pendant la durée de sa peine exercer aucun droit civil; » on en conclut que l'interdiction légale n'est pas une aggravation de peine, qu'elle n'emporte pas une déchéance, que c'est seulement le moyen de remédier à l'abandon forcé où se

(1) M. Valette sur Proudhon, t. 2, 551.

trouvera, pendant la durée de la peine, l'administration de biens du condamné.

Il ne nous semble pas que tel soit le sens de l'art. 29 Pén. Le mot *interdiction*, qu'il emploie sans en modifier le sens par aucune restriction, doit emporter une incapacité générale qui embrasse tous les actes pouvant produire un effet civil. Si la loi n'eût voulu que pourvoir à l'administration pécuniaire des biens du condamné, elle en aurait confié la gestion à la régie des domaines, ou, ce qui est encore plus simple, elle eût laissé le condamné choisir un mandataire qui eût administré pour lui, sans toutefois lui remettre les revenus; mais en tous cas on n'eût pas nommé un tuteur et un subrogé tuteur, ni établi de rapprochement entre cette interdiction et celle du Code civil.

Cette solution de principe ainsi posée, il ne faut pas l'exagérer; nous admettrons donc que l'interdiction légale n'emporte pas la nullité du mariage, de la reconnaissance d'un enfant naturel, de l'adoption, du testament fait par l'interdit; en effet, nous avons dit qu'il ne perd que l'exercice de ses droits; or, pour les droits ci-dessus mentionnés, la perte de l'exercice emporterait nécessairement la perte de la jouissance : d'ailleurs, l'exercice de ces droits constituera le plus souvent l'accomplissement d'un devoir, et n'ira aucunement à l'encontre du but de la loi.

A part cette première raison de principe, nous avons pour le mariage et le testament des éléments spéciaux de décision. Quant au mariage, nous savons que cette matière est régie par des lois particulières et de droit étroit; or, ni le chapitre consacré aux *demandes en nullité de mariage* (chap. IV du titre du mariage), ni aucun autre texte de la loi ne prononce la nullité du mariage d'une personne qui a pu donner son consentement, sur ce motif que cette personne était légalement interdite.

Quant au testament, il n'y a pas d'inconvénient sérieux à en admettre la validité; la loi a eu surtout pour but d'enlever au condamné le moyen de se procurer des ressources pécuniaires en aliénant ses biens ou en s'obligeant, ce qui ne peut avoir lieu ici. L'orateur du gouvernement dans son exposé des motifs de l'art. 29, montre bien quel est le sens de la loi sur ce point; il déclare que le but de l'interdiction légale est d'empêcher que le condamné, « par de scandaleuses profusions, ne fasse d'un séjour d'humiliation un théâtre de joie et de débauche (1). » Que si l'on nous objecte l'art. 7 de la loi abolitive de la mort civile, dans lequel figure l'incapacité de disposer par testament, nous ferons remarquer que ce texte a trait à une matière spéciale, dans laquelle le législateur a voulu, *par un surcroît de peine* (2), comme l'a dit M. Richer dans son rapport, créer une sorte de régime intermédiaire entre l'incapacité absolue résultant de la mort civile et celle qu'entraînaient la dégradation civique et l'interdiction légale.

Mais il ne serait pas possible de considérer comme valable la donation entre-vifs faite par un condamné frappé d'interdiction légale; ce serait aller directement contre le but même de l'institution. Quoique ce soit un droit qui ne peut s'exercer par mandataire et dont l'exercice est inséparable de la jouissance, nous reconnaissons qu'il est complétement perdu pour le condamné; le caractère pénal de l'interdiction légale nous fait admettre ici une dérogation que le caractère exclusivement protecteur de l'interdiction judiciaire nous avait fait refuser plus haut.

C'est le moment de parler d'une autre différence considérable entre la nullité des actes faits par l'interdit judiciairement et la nullité des actes d'un condamné; le motif est celui que nous venons d'indiquer, le caractère tout différent des deux incapacités, dont l'une est protectrice, l'autre afflictive.

(1) En ce sens, Merlin, Quest. de droit, v° *Testament*, 3 *bis*. Rouen, 18 déc. 1822. Nîmes, 16 juill. 1835.

(2) M. Ortolan, *Éléments de droit pénal*, n° 1556.

L'interdit judiciairement ou ses ayants cause peuvent seuls demander la nullité des actes faits pendant l'interdiction; cette nullité est purement relative; au contraire, quiconque a intérêt peut exciper de la nullité d'un acte passé par celui qui est frappé d'interdiction légale : la nullité est absolue. Permettre à tous de la demander, c'est aider à l'exécution complète de la loi. Ainsi, même lorsque les tiers ont eu connaissance de la position du condamné à l'époque où ils ont contracté avec lui, ils peuvent demander la nullité.

Mais, à l'inverse, je crois qu'il y aurait lieu de refuser l'action en nullité au condamné ou à ses ayants cause lorsqu'il a trompé les tiers avec lesquels il a traité en se présentant à eux comme jouissant de sa capacité. Un arrêt (1) a consacré cette doctrine, dans la crainte « que le condamné ne pût se faire de cette incapacité un moyen de surprise contre les tiers ». Et, en effet, il y a eu dol de sa part, et pour réparation de ce dol, l'indemnité la plus naturelle est assurément de l'assujettir au maintien de la convention qu'il a faite.

Cette dernière solution, comme le remarque M. Valette, ne contrarie en rien le but principal de la loi, qui est d'enlever au condamné le moyen de se procurer des ressources. En effet, il a dissimulé son état, les tiers ont été de bonne foi, par la force des circonstances, et, en fait, la loi a manqué son but; la nullité que l'on prononcerait après coup, à la demande du condamné ou de ses héritiers, se réduirait à une peine infligée sans utilité à des personnes innocentes. Pour donner à la loi tous ses effets possibles et justes, il suffit de faire subir la nullité aux tiers lorsqu'ils ont sciemment participé aux actes prohibés par la loi dans un intérêt d'ordre public (2).

(1) Caen, 5 janv. 1844.
(2) En ce sens, M. Valette sur Proudhon, t. 2, p. 557.

DEUXIÈME PARTIE.

SUITES DE LA NOMINATION D'UN CONSEIL JUDICIAIRE

GÉNÉRALITÉS.

Le législateur a repoussé l'ancienne assimilation romaine, conservée pendant des siècles, entre le prodigue et l'insensé; il lui a paru équitable de frapper le prodigue d'une demi interdiction analogue à celle qui est établie à l'égard du faible d'esprit (art. 499). Mais ce ne fut pas sans de sérieuses discussions que cette théorie nouvelle fut adoptée. M. Maleville demandait le maintien de l'interdiction pour prodigalité, n'accordant le droit de la provoquer qu'aux parents qui avaient contre le prodigue une créance d'aliments. M. Tronchet, puis ensuite MM. Portalis et Treilhard firent adopter le moyen terme que nous présente l'art. 513. C'est à la même discussion que l'on doit rattacher l'introduction de l'art. 499 qui ne se trouvait pas dans le projet; cet article permet aux juges, tout en prenant des mesures de protection, de ne pas prononcer l'interdiction lorsque sans qu'il y ait prodigalité, il n'y a pas cependant folie. Ce fut en quelque sorte la transaction entre ceux qui admettaient et ceux qui repoussaient l'interdiction pour cette hypothèse.

La loi n'a pas déterminé les caractères de la prodigalité: elle s'en rapporte à l'appréciation des juges. C'est un besoin insatiable de dépenses vaines et de profusions qui mèneraient à la ruine celui qui cède à ce penchant fatal si la loi ne venait l'arrêter. Le prodigue, c'est celui, qui, suivant l'énergique expression d'Antonin, *quod ad bona ipsius pertinet furiosum facit exitum*.

Quiconque est prodigue peut recevoir un conseil judiciaire; c'est toujours le tribunal qui le nomme, et à notre avis, c'est à tort que la cour de Nancy (1) a décidé que les fonctions de conseil judiciaire d'une femme mariée appartenaient de droit à son mari *par analogie des dispositions contenues dans l'art.* 506. Le texte de l'art. 513 est absolu, le conseil ne serait plus *judiciaire*, il serait *légal* ou *légitime*; la loi ne suppose pas qu'il puisse être tel. Rien n'empêchera du reste les juges de choisir le mari pour peu qu'il en soit digne; mais on conçoit qu'il pourrait quelquefois encourager lui-même la prodigalité de sa femme pour en profiter : le nommer conseil serait évidemment aller à l'encontre du but de la loi (2).

Ceci suppose déjà résolue, et, à la vérité, je ne crois pas qu'elle puisse sérieusement faire doute, la question de savoir si un conseil judiciaire peut être donné à une femme mariée; si, en effet, l'intérêt n'en paraît pas bien quand elle est mariée sous le régime de communauté, cet intérêt est évident quand la femme est séparée de biens, et bien plus quand le mari est absent ou pourvu lui-même d'un conseil judiciaire (3).

Ce conseil ne pourrait pas être *datif* plus qu'il ne peut être *légitime* ou légal; c'est le tribunal, non le conseil de famille, qui le choisit.

Nous avons admis que le mineur peut être interdit; nous admettrons aussi qu'il peut recevoir au conseil judiciaire.

L'art. 514 nous apprend quelles sont les personnes qui peuvent provoquer la nomination d'un conseil judiciaire. « La

(1) 3 déc. 1838.

(2) Paris, 7 janv. 1856.

(3) En ce sens, Montpellier, 14 déc. 1842. Rennes, 7 déc. 1840.

défense de procéder sans l'assistance d'un conseil judiciaire peut être provoquée par ceux qui ont le droit de provoquer l'interdiction. » Nous renvoyons donc avec la loi aux art. 490, 491.

Nous n'admettrons pas que l'on puisse se faire nommer à soi-même un conseil judiciaire; nous avons déjà montré que le Code n'a pas consacré une semblable doctrine relativement à l'interdiction. Les mêmes raisons subsistent ici; bien plus, le projet du Code civil présentait au titre X : *De la majorité et de l'interdiction*, un chapitre III : *Du conseil volontaire*. Cette institution n'a pas été admise; elle a été remplacée par le conseil judiciaire des art. 513, 514, 515.

Quoiqu'on l'ait contesté, le ministère public pourrait requérir la dation d'un conseil judiciaire à celui qui n'a ni époux, ni épouse, ni parents connus. L'art. 514 ne fait aucune distinction art. (491) (1).

Aux termes du même art. 514, la demande à fin de nomination d'un conseil judiciaire doit être instruite et jugée de la même manière que la demande à fin d'interdiction.

L'interrogatoire du prodigue est peut-être plus nécessaire encore que celui du dément; M. Bertrand de Greuille en donne très-bien le motif dans son rapport au Tribunat (2) : « La demand de nommer un conseil judiciaire doit être formée devant les tribunaux, instruite et jugée de la même manière que celle en interdiction, parce qu'il faut mettre l'homme accusé de prodigalité dans la possibilité de justifier que le dérangement de sa fortune appartient non à l'abus qu'il en a fait, mais à de fausses combinaisons, à des spéculations malheureuses ou à d'autres causes indépendantes de sa volonté. (3) »

Le plus souvent le tribunal choisit un avocat, un avoué, un

(1) En ce sens, Delvincourt, t. 1, p. 130, note 1. Marcadé, art. 14. M. Demolombe, t. 8, nº 703.

(2) Fenet, t. 10, p. 725.

(3) Cassat. 26 juin 1848. Chardon, *Puiss. tutél.* nº 264.

magistrat, un homme exercé aux affaires pour être conseil judiciaire. Un étranger présente en général plus de garanties qu'un parent; on peut craindre en effet qu'un parent ne refuse systématiquement son assistance pour tout acte de nature à diminuer le patrimoine et à ébranler les espérances héréditaires qu'il pourrait avoir conçues.

Quelques auteurs enseignent que le juge peut nommer plusieurs conseils à la même personne; nous ne pouvons nous ranger à cet avis; le texte ne parle que *d'un conseil;* la nécessité d'obtenir plusieurs approbations aggraverait l'incapacité, et mettrait aux actes du prodigue une entrave qui n'est pas dans la loi. Le tribunal pourrait certainement nommer un second conseil chargé d'assister le prodigue à défaut du premier; mais c'est là tout autre chose, c'est un suppléant; la position de l'incapable n'en est pas modifiée.

Si les intérêts du prodigue se trouvaient en conflit avec ceux de son conseil, le tribunal nommerait un conseil *ad hoc* (1).

Les fonctions du conseil judiciaire ne sont pas obligatoires; il en était ainsi dans l'ancien droit; en vain on voudrait argumenter de l'analogie qui existe entre les fonctions du tuteur et celles du conseil: l'assimilation est fausse; d'ailleurs la nomination du conseil est faite par justice et constitue simplement un mandat que l'on peut toujours ne pas accepter (2).

Ces quelques explications étaient nécessaires avant d'entrer dans l'examen des *suites de la dation d'un conseil judiciaire;* sur ce sujet, qui rentre dans le cadre même de notre travail, nous aurons à étudier :

1° L'effet général de la nomination d'un conseil judiciaire;

2° Les actes pour lesquels l'assistance du conseil judiciaire est requise;

(1) Merlin, v° *Tutelle.* Dalloz, Rép., v° *Conseil judiciaire,* MM. Demolombe, t. 8, n° 710. Chardon, *Puiss. tutél.,* n° 3. *Contra,* M. Bioche, t. 2, p. 526, Rennes, 14 août 1833.

(2) Turin, 12 avril 1808.

3° La manière dont l'assistance est fournie;

4° L'effet des actes pour lesquels l'obligation est requise, soit qu'elle ait eu lieu, soit qu'elle n'ait pas eu lieu.

CHAPITRE PREMIER.

EFFET GÉNÉRAL DE LA NOMINATION D'UN CONSEIL JUDICIAIRE.

Nous n'avons plus ici ni interdiction, ni tutelle; celui qui est pourvu d'un conseil judiciaire n'est pas privé de l'exercice de ses droits, il n'a pas de représentant légal; il est seul en scène, c'est toujours lui qui doit paraître, seul pour beaucoup d'actes, assisté de son conseil pour certains. L'assistance du conseil, nécessaire quelquefois, est toujours suffisante; jamais la loi n'exige d'autre condition, comme l'autorisation du conseil de famille, l'homologation du tribunal, l'avis de jurisconsultes. Avec son conseil le prodigue a toute capacité.

Le conseil, outre qu'il n'est nommé que pour certains actes, n'est aussi nommé que relativement aux biens; il n'a aucune autorité, aucun contrôle à exercer sur la personne. « Celui à qui il a été nommé un conseil, disait le *nouveau Denizart* (1), reste toujours le maître de sa personne. » C'est ainsi que l'art. 108 ne saurait être invoqué dans notre matière; le prodigue peut aller où il veut et changer autant qu'il lui plaît son domicile. Personne ne conteste qu'il ne puisse sans l'assistance de son conseil se marier, faire des sommations respectueuses à ses père et mère, reconnaître un enfant naturel, adopter ou être adopté, faire son testament.

(1) V° *Conseil nommé en justice*, § 2, n° 6.

Quant aux droits politiques, en principe, le prodigue en conserve l'exercice, à moins de quelque exception spéciale. Il pourrait être témoin instrumentaire, expert juré (1); il est électeur et éligible, il reste susceptible de contrainte par corps (2).

Ce que nous avons déjà dit suffit pour faire voir, que l'incapacité de celui qui est pourvu d'un conseil judiciaire est tout à fait *sui generis*, et combien on se méprendrait si, avec le rapporteur au Tribunat, on voulait établir entre le prodigue pourvu d'un conseil et le mineur émancipé pourvu d'un curateur, une assimilation que rien dans la loi ne justifie! Citons les paroles de cet orateur pour donner une idée de la manière dont la loi est quelquefois comprise par ceux-là mêmes qui sont chargés de la faire :

« Il y a une profonde différence entre l'état de l'insensé et celui du prodigue ; le projet en introduit une dans la manière de les traiter. Il prive l'insensé de la jouissance de ses revenus, et il le met dans la position d'un mineur à l'égard de son tuteur, tandis qu'il enveloppe seulement le prodigue des liens de *l'émancipation* et qu'ainsi il lui conserve l'entière jouissance du produit de ses biens, sans pouvoir vendre, aliéner et hypothéquer ses propriétés hors de la présence du conseil qui l'assiste.....

» Il n'aura pas échappé à votre sagacité que *toute* l'économie de ce projet repose *entièrement* sur la *double et judicieuse* SIMILITUDE qu'il établit entre l'interdit et le mineur non émancipé d'une part, et de l'autre *entre l'individu placé sous l'empire du conseil judiciaire et le mineur parvenu à l'émancipation.* »

Plus nous irons, plus nous verrons que se placer à ce point de vue serait se mettre en contradiction formelle avec les textes.

(1) *Contra*, Cassat. 23 juillet 1825. Sirey, Observations sur l'arrêt.
(2) Bruxelles, 13 avril 1808.

Une des différences les plus importantes entre la nomination d'un conseil judiciaire et l'interdiction, c'est que la première de ces mesures n'a aucun effet rétroactif; nous avons vu au contraire (art. 503) que les actes passés avant le jugement d'interdiction pouvaient être annulés dans certains cas. Personne, excepté Delvincourt (1), qui distingue arbitrairement entre l'art. 499 et l'art. 513, ne conteste ce point. En effet le texte de l'art. 503 comparé aux termes de l'art. 502 ne permet aucun doute. Les travaux préparatoires ont très-nettement fait ressortir cette différence (2).

Du reste la distinction que fait la loi en donnant au jugement d'interdiction une rétroactivité qu'elle refuse au jugement de nomination d'un conseil judiciaire, me paraît fondée en raison : la simple faiblesse d'esprit ou la prodigalité peuvent exister à des degrés différents et avec des nuances très-nombreuses, en sorte qu'il n'y aurait point de sûreté pour les tiers s'il était possible, par le jugement, de frapper rétroactivement de nullité les actes antérieurement faits avec eux; tandis qu'au contraire l'imbécillité ou la folie sont des états d'une nature très-tranchée et bien reconnaissable, dont la notoriété peut exister pour les tiers de la manière la plus certaine (3).

Le jugement de nomination d'un conseil judiciaire est soumis à des mesures de publicité, dans l'intérêt des tiers, comme le jugement d'interdiction (art. 501); nous renvoyons aux détails que nous avons donnés plus haut.

Le jugement aura incontestablement effet vis-à-vis des tiers, quoique la publicité n'ait pas eu lieu sauf la responsabilité de qui de droit. C'est bien à tort, nous semble-t-il, que le contraire a été jugé (4).

(1) T. 1, p. 132, note 9.
(2) *Discours de M. Emmery*, Fenet, t. 10, p. 713.
(3) M. Valette sur Proudhon, t. 2, p. 570, note *a*.
(4) Turin, 20 janv. 1810. Cassat. 16 juillet 1810.

Aucun jugement en matière de nomination de conseil judiciaire ne peut être rendu que sur les conclusions du ministère public (515).

CHAPITRE II.

ACTES POUR LESQUELS L'ASSISTANCE DU CONSEIL JUDICIAIRE EST REQUISE.

Art. 513 : « Il peut être défendu aux prodigues de plaider, de transiger, d'emprunter, de recevoir un capital mobilier et d'en donner décharge, d'aliéner ni de grever leurs biens d'hypothèque, sans l'assistance d'un conseil qui leur est nommé par le tribunal. »

Du texte même de l'article il me semble résulter :

1° Que les magistrats ne pourraient défendre au prodigue aucun autre acte que ceux ci-dessus énumérés;

2° Que même ils ne pourraient pas nommer le conseil pour certains de ces actes seulement, dispensant le prodigue d'assistance pour les autres.

On conteste ceci en disant que l'incapacité pouvait être partielle dans l'ancien droit, et que le texte de l'art. 113 ne s'oppose pas à des distinctions qui sont très-utiles en pratique. Pourquoi interdire tous ces actes quand l'interdiction de certains suffirait? Par exemple, quand une personne est exclusivement atteinte de la manie de plaider, pourquoi la traiter comme un prodigue? peut-être ne l'est-elle pas, peut-être même est-ce son avarice qui la pousse à d'éternels procès! — Cette faculté discrétionnaire que l'on veut attribuer aux juges eût quelquefois, je le reconnais, présenté des avantages, mais elle eût aussi entraîné de bien graves conséquences; on serait retombé dans tout l'arbitraire de l'ancienne jurisprudence;

l'incapacité créée par la nomination d'un conseil judiciaire est déterminée par la loi avec précision : les juges ne doivent pas pouvoir la modifier en plus ou en moins, c'est à eux de peser les avantages et les inconvénients que produira dans l'espèce la seule mesure que l'art. 513 leur permette de prendre (1).

Il semblerait, d'après le texte fort précis de l'art. 513 et d'après les solutions de principe que nous venons de poser, qu'il doit être très-facile de se rendre au juste compte de l'état d'une personne pourvue d'un conseil judiciaire. On se tromperait bien ; c'est souvent une tâche délicate que de distinguer les actes qui exigent l'assistance et ceux pour lesquels elle n'est pas nécessaire.

Disons d'abord que toutes les fois qu'un prodigue aura déguisé sous la forme d'un acte permis sans assistance, un des actes mentionnés dans l'art. 513, cette simulation ne saurait soustraire l'acte ainsi fait à l'application de l'article.

Nous pouvons citer comme exemple le prodigue qui contracterait un emprunt sous l'apparence d'un contrat de bail (2).

Prenons à part chacun des actes indiqués par l'art. 513.

1° Le prodigue ne peut *plaider* sans l'assistance de son conseil.

Cette défense est absolue, et ne comporte aucune distinction. Nous l'appliquerons donc aux procès relatifs à la personne comme à ceux relatifs aux biens. C'est avec raison qu'un arrêt (3) a déclaré le prodigue non recevable à demander en justice, sans l'assistance de son conseil, mainlevée de l'opposition faite par sa mère à son mariage ; nous déciderons aussi que s'il peut valablement faire une opposition à un commandement, il ne pourrait pas la soutenir en justice (4). De

(1) En ce sens, M. Demolombe, t. 8, n° 720. M. Valette, *Explication sommaire*, t. 1, p. 383.

(2) Cassat. 5 août 1840.

(3) Toulouse, 2 déc. 1839. Besançon, 11 janv. 1851.

(4) Cassat. 13 fév. 1844.

même encore, le prodigue ne peut faire appel, sans l'assistance de son conseil, d'un jugement rendu contre lui en première instance (1).

Nous n'aurons pas non plus à distinguer s'il a joué le rôle de demandeur ou de défendeur ; tout jugement rendu contre lui alors qu'il n'aura pas été assisté sera nul.

L'assistance serait donc indispensable pour que le prodigue pût intenter une action mobilière ou y défendre ; sous ce rapport, nous remarquons que sa capacité est plus restreinte que celle du mineur émancipé (482).

Son état se rapproche de celui de la femme mariée, qui alors même qu'elle peut exercer certains droits, n'est capable de les défendre devant les tribunaux, ne peut ester en jugement, qu'autant qu'elle est autorisée de son mari ou de justice. De même que la femme commerçante doit se faire autoriser pour plaider sur les actes de commerce, de même le prodigue qui administre seul, ne pourrait plaider sans assistance sur ses actes d'administration.

On a critiqué cette disposition de la loi ; et il faut avouer que le législateur en ce qui concerne le prodigue (art. 513), s'est trop facilement arrêté aux décisions qu'il avait prises relativement au faible d'esprit (art. 499) (2);

2° Le prodigue ne peut *transiger*.

Pour pouvoir transiger, il faut avoir la disposition des biens sur lesquels porte la transaction. Nous verrons tout à l'heure qu'il ne peut aliéner ; il est vrai que l'on conteste sur la portée de cette défense qui lui est faite d'aliéner ; mais la transaction est quelquefois plus dangereuse que l'aliénation directe, et la loi ne faisant aucune distinction, il faudrait regarder comme nulle la transaction qu'il aurait faite sur une contestation même relative à des biens mobiliers.

(1) Montpellier, 4 juillet 1840.
(2) M. Valette, *Explication sommaire*, p. 383.

La même prohibition doit être étendue au désistement, qui est au fond une sorte de transaction, et conduit à l'aliénation (1);

3° Il ne peut *emprunter*.

Ce qui comprend tous les emprunts directs ou indirects, exprimés ou déguisés.

Il a été jugé que le prodigue qui négocie un effet de commerce sans l'assistance de son conseil fait un emprunt déguisé qui ne peut être valable, aux termes de l'art. 513.

C'est ainsi qu'un arrêt que nous avons déjà cité a annulé comme cachant un emprunt indirect, un bail constatant des payements faits à l'avance au prodigue et contenant d'ailleurs des clauses inusitées, telles que celle de non garantie du preneur en cas d'incendie (2);

4° Il ne peut *recevoir un capital mobilier, ni en donner décharge*.

Il faut évidemment en conclure que le conseil est chargé de surveiller l'emploi de ce capital une fois reçu; autrement l'assistance du conseil lors de la réception du capital mobilier deviendrait dérisoire. Le but essentiel de la surveillance qui est exigée, c'est l'emploi sage; or le conseil est seul capable de le faire. M. Rolland de Villargues (3) enseigne toutefois le contraire, et dans cette opinion on fait remarquer que l'art. 513 n'impose pas ce devoir au conseil judiciaire, tandis que l'art. 482 a eu soin d'en faire une obligation pour le curateur du mineur émancipé; mais il n'y a pas de conséquence à tirer de cette différence de rédaction. Si l'art. 513 n'a pas parlé de l'emploi, c'est que c'était tellement évident que pas un doute, semblait-il, n'était à prévenir; conclure de cette omission si facile à expliquer, qu'à peine le capital reçu en présence du conseil, le prodigue peut aller le dissiper à son gré, c'est prêter les mains à la

(1) Bruxelles, 27 nov. 1823.

(2) Cass. 5 août 1840.

(3) Rép. du Notariat, v° *Conseil judiciaire*, n°. 36.

prodigalité; c'est dire que notre loi est non-seulement inutile, mais ridicule.

Nous avons déjà vu que le prodigue peut parfaitement recevoir seul tout ce qui est revenus et fermages; ces actes rentrent dans les limites de l'administration;

5° Le prodigue ne peut *aliéner, ni grever ses biens d'hypothèques.*

La défense d'aliéner sans l'assistance du conseil paraît ne devoir s'appliquer qu'aux immeubles, et ne pas comprendre les meubles corporels.

En effet, d'une part la défense d'*aliéner* est immédiatement suivie de la défense de *grever ses biens d'hypothèques* et semble bien porter exclusivement sur les mêmes biens, et d'autre part la défense spéciale de recevoir un capital mobilier montre que la loi n'a pas prononcé de prohibition générale en ce qui concerne les meubles. En tout cas, toutes les fois que cette aliénation de meubles pourra être considérée comme un acte d'administration, nous en reconnaîtrons sans aucun doute la validité (1)

Le prodigue ne peut grever ses biens d'hypothèques, parce que c'est consentir une aliénation implicite et éventuelle; mais évidemment, cette prohibition n'empêchera pas ses biens de pouvoir être grevés d'hypothèques légales ou judiciaires.

Il est admis par tout le monde que, en ce qui concerne les immeubles, la défense d'aliéner est absolue, le prodigue ne pourra les aliéner, ni directement par vente échange, etc., ni indirectement en contractant des obligations personnelles qui donneraient à ses créanciers le droit de faire vendre ses immeubles (2092, 2093).

Nous ne parlons pas ici, bien entendu, des obligations qui auraient pu naître des délits ou des quasi-délits du prodigue (1382, 1310).

(1) En ce sens, M. Demolombe, t. 8, n° 729. M. Zachariæ, t. 1, p. 276.

De là défense d'aliéner, nous devons enfin conclure que l'individu pourvu d'un conseil ne pourrait pas sans assistance renoncer à la prescription (1).

La prohibition d'aliéner de l'art. 513 s'applique-t-elle aux aliénations à titre gratuit comme aux aliénations à titre onéreux?

Pour le testament, la réponse ne peut être douteuse, l'art. 513 n'y est pas applicable; le testament ne constitue pas vis-à-vis de celui qui le fait une aliénation à proprement parler; le testateur ne se dépouille de rien ; il prive seulement ses héritiers des objets qu'il a légués. De plus, on a toujours considéré le testament comme devant être l'œuvre essentiellement libre et toute personnelle du testateur (226, 901). Dans l'ancienne jurisprudence, alors que l'on prononçait l'interdiction contre le prodigue, Ricard reconnaissait déjà la validité du testament fait depuis la sentence d'interdiction.

L'art. 901 est donc la règle sous l'application de laquelle nous devons toujours retomber en matière de testament.

Quant à la donation entre-vifs, on a soutenu qu'elle n'est pas au nombre des actes que l'art. 513 interdit au prodigue de faire sans assistance; on a fait remarquer en ce sens que dans le Code, *aliéner* est le plus souvent pris pour *aliéner à titre onéreux;* que l'art. 217 porte que la femme mariée ne peut *donner*, *aliéner* sans autorisation: *donner* n'est donc pas *aliéner*.

Cependant nous tenons que le prodigue ne peut faire de donation sans l'assistance de son conseil.

En effet, l'aliénation caractérise au plus haut degré la donation; donner, c'est se dépouiller actuellement et irrévocablement; d'ailleurs, c'est surtout contre des profusions de ce genre qu'il importe de prémunir le prodigue; c'est dans ce cas que l'on peut attendre la plus salutaire influence de l'assistance de

(1) En ce sens, M. Demolombe, t. 8, n° 733. M. Troplong, *de la Prescription*, t. 1, n° 79.

son conseil; nous ferons remarquer, en outre, que notre solution ne supprime pas pour le prodigue la faculté de donner; nous nous bornons à soumettre ses libéralités à un contrôle qui les empêchera de dégénérer en dissipations inutiles et ruineuses (1).

On se demande à ce sujet si le prodigue qui peut se marier pourrait adopter un régime quelconque sans l'assistance de son conseil. Dans l'ancien droit, on décidait assez généralement qu'il le pouvait en s'appuyant sur l'axiome : *Habilis ad nuptias, habilis ad pacta nuptiarum*. Basnage, dans son commentaire sur la coutume de Normandie cite un arrêt du parlement de Rouen, du 15 mai 1671, qui décidait qu'un prodigue « ayant été capable de contracter mariage, avait été aussi capable de contracter les pactions ordinaires dans les contrats de mariage. »

Mais je ne crois pas, en vertu même des solutions que nous avons déjà posées, qu'on doive admettre que le prodigue ait ainsi le droit de se soumettre seul à un régime qui constituera peut-être des avantages pour son conjoint, qui souvent même contiendra des donations à son profit. Non; l'assistance du conseil est nécessaire pour les donations que le prodigue veut faire à son futur époux et, en principe, pour toutes les clauses du contrat dont le résultat « serait d'appauvrir le prodigue au profit de l'autre conjoint (2). »

Nous nous garderons d'un autre côté d'exagérer le principe qui inspire nos solutions, et de dire avec M. Demolombe (3) « que lors même que le prodigue se marierait sans contrat, son régime matrimonial ne pourrait être la communauté même purement légale, et qu'il serait ainsi marié sous le régime de la séparation de biens. » Cette décision ne peut tenir contre la règle qui fait

(1) En ce sens, Merlin, rép., v° *Testament*, sect. 1, § 1, art. 1, n° 3. Zachariæ, t. 1, p. 276. M. Demolombe, t. 9, n° 736.

(2) M. Valette, *Explication sommaire*, p. 361.

(3) T. 8, n° 740.

de la communauté le régime de droit commun. Que l'on protége le prodigue contre sa prodigalité, c'est très-bien, et c'est ce que nous avons fait par les solutions qui précèdent; mais vouloir le protéger contre la loi même, parce que l'application de la loi peut avoir des inconvénients, c'est laisser le rôle d'interprète pour prendre celui de législateur (1)!

Par suite du mariage, le prodigue sera toujours soumis à l'hypothèque légale, elle est indépendante de sa volonté et d'ordre public.

Le prodigue peut faire seul tous les actes d'administration : louer des maisons ou des terres, pourvu qu'il se conforme pour la durée et le renouvellement des baux aux art. 1420, 1430 et 1718 ; il reçoit valablement les revenus, fermages et arrérages de rentes pour en faire emploi comme il lui plaît ; il fait valablement faire les réparations nécessaires, à moins que l'acte par sa nature ne cesse d'être un acte d'administration, ou par son importance n'engage les capitaux ou les immeubles. Il importe sur ce point de laisser une certaine latitude aux juges; il arrivera en effet quelquefois que les traités de réparations dégénéreront en actes de prodigalité et d'extravagance.

Constituer une rente viagère n'est pas à coup sûr faire un acte d'administration ; et cependant la cour de Paris (2) a validé une semblable constitution en raison des circonstances; je ne cite cette décision, qui me semble aller bien loin, que pour montrer jusqu'à quel point les tribunaux prennent en considération l'utilité de l'acte.

On pourra tenir compte aussi de la bonne ou de la mauvaise foi des tiers qui auront contracté avec l'individu pourvu d'un conseil. Mais nous ne croyons pas qu'on puisse lui appliquer l'art. 484, qui permet de réduire en cas d'excès les engage-

(1) En ce sens, Toullier, t. 2, n° 1379. M. Valette sur Proudhon, t. 2, p. 568. Marcadé, t. 2, art. 513. Chardon, *Puiss. tutél.*, n° 270.
(2) 12 déc. 1835.

ments frivoles et inutiles contractés par le mineur émancipé.

CHAPITRE III.

NATURE ET FORME DE L'ASSISTANCE DU CONSEIL JUDICIAIRE.

Le mot *assistance* exprime une idée autre que celle que représente l'expression *autorisation;* il implique en quelque sorte une coopération à l'acte et se rapproche dans ce sens de l'*auctoritas* romaine. Il faut cependant se garder de prendre le mot *assistance* trop au pied de la lettre et de le confondre exactement avec le mot *présence;* cette interprétation par trop étroite empêcherait, dans le cas d'éloignement du conseil judiciaire, de procéder à des actes urgents et peut-être avantageux pour le prodigue. Aussi, dans la pratique, on admet que le conseil judiciaire a fourni son assistance, dans le sens de la loi, si, par un acte spécial et antérieur, il donne son avis favorable sur l'exercice que veut faire le prodigue de l'un des droits mentionnés dans l'art. 513. Mais il est nécessaire :

1° Que cet acte destiné à constater que l'assistance a été fournie, spécifie que l'acte est approuvé, dans quelles circonstances et dans quelles limites;

2° Que cet acte d'approbation soit annexé à l'acte principal, pour prouver que l'acte principal a été lui-même valablement consenti.

La connaissance que le conseil judiciaire aurait d'un acte passé par le prodigue ne suffirait donc pas ; et d'un autre côté le conseil ne pourrait valider l'acte du prodigue après coup par un acte particulier et rétroactif d'approbation. Il faut que le prodigue soit assisté *in ipso negotio*, et ce n'est que par extension que l'on admet que l'approbation donnée antérieurement suffit : donnée après coup elle n'aurait certainement pas d'effet. Nous verrons que le prodigue pourrait ratifier lui-même, mais avec l'assistance de son conseil l'acte irrégulièrement passé.

L'assistance doit nécessairement être spéciale une autorisation générale n'aurait aucune valeur. Il en serait de même quand elle ne porterait que sur un objet assez restreint, mais qui ne constituerait cependant pas un acte unique dont le conseil ait bien pu apprécier la portée en le permettant. C'est ainsi qu'à mon avis, il a été fort bien jugé par la cour de Besançon (1) « qu'une autorisation de plaider ne saurait tenir lieu de cette assistance d'un conseil qui, dans les divers accidents qu'un procès peut offrir, doit constamment protéger le prodigue. »

De ce que l'assistance doit être spéciale, nous sommes amené à décider que la personne pourvue d'un conseil judiciaire ne pourrait être commerçante qu'à la condition (à peu près impossible) d'être assistée par son conseil dans chacun des actes compris dans l'art. 513. Si l'on objecte la position de la femme mariée et celle du mineur émancipé qui peuvent tous deux faire le commerce dans des conditions que la loi détermine, nous répondrons que précisément pour la femme mariée et le mineur émancipé les art. 220 et 487 font exception à la règle que l'autorisation ne peut être que spéciale et permettent que l'autorisation de faire le commerce soit donnée dans certaines formes et sous certaines garanties, d'une manière générale; mais qu'aucune exception semblable n'est faite pour le prodigue ; et d'ailleurs les positions ne sont pas du tout à comparer; le mineur émancipé et surtout la femme mariée sont bien autrement aptes en fait à exercer le commerce que ne le sont le faible d'esprit et le prodigue, dont l'un est affecté d'une altération mentale, et dont l'autre est emporté par un penchant funeste.... En ce sens il a été décidé par la Cour de cassation « qu'il n'a pas pu appartenir au conseil de conférer au prodigue la capacité de contracter

(1) 11 janv. 1851.

seul, en vertu d'une autorisation générale, préalable et indéterminée, des engagements indéfinis... ; que laisser au conseil judiciaire une telle faculté, ce serait investir ce conseil du pouvoir de lever une incapacité déclarée par justice et qu'une déclaration de justice peut seule faire cesser (1). »

Si le conseil du prodigue, par mauvais vouloir, opposait des refus d'assistance systématiques aux actes que le prodigue aurait intérêt à faire, on devrait évidemment protéger celui-ci contre un semblable abus. L'assistance dans ce cas sera-t-elle suppléée, comme l'ont pensé quelques auteurs, par une autorisation de justice ? Nous n'en croyons rien; certainement pour la femme mariée l'autorisation de justice peut suppléer celle du mari, mais les deux situations sont différentes; en principe, pour la femme mariée il suffit d'une *autorisation*; pour le prodigue ou le faible d'esprit nous avons vu au contraire (sauf quelque tempérament que nous avons indiqué) qu'une *assistance* est exigée. Nous ne laisserons cependant pas le prodigue sans ressource : il pourra obtenir, suivant les cas, ou la révocation de son conseil, ou simplement la nomination d'un conseil *ad hoc* (2).

Que décider dans l'hypothèse inverse, c'est-à-dire lorsque le prodigue refuse aveuglément d'agir ? Plutôt que de laisser périr ainsi les intérêts du prodigue, le conseil pourra-t-il agir seul ?

Pour l'affirmative, on dit que « la loi qui n'a donné un conseil au prodigue que pour le préserver de la ruine, n'atteindrait pas son but (3); » que le prodigue se laisserait condamner d'accord avec ses créanciers, et leur donnerait ainsi des titres exécutoires en vertu desquels il serait exproprié. La négative cependant me semble seule admissible; notre ancien droit la

(1) 3 déc. 1850.

(2) En ce sens, Orléans, 15 mai 1847. Besançon, 11 janv. 1851. M. Demolombe, t. 8, no 762. *Contra*, M. Bioche, vo *Conseil judiciaire*, t. 2, p. 526. Bruxelles, 27 nov. 1823.

(3) Paris, arrêt, 26 juin 1838.

consacrait déjà (1) ; mais la raison décisive, c'est qu'*assister* n'est pas *représenter ;* le conseil éclaire le prodigue, mais il n'a pas d'initiative à prendre (2).

J'ajouterai que les dangers de cette doctrine ne sont pas aussi grands que l'on semble le craindre. De deux choses l'une : ou le conseil n'a pas été mis en cause, et alors le prodigue qui ne peut plaider sans assistance, n'a pas été valablement assigné ; ou le conseil a été mis en cause, et alors étant désormais partie au procès, il pourra faire valoir tous moyens de droit à sa disposition.

Comme conséquence des mêmes principes je déciderai que le conseil ne pourrait demander seul la nullité des engagements contractés par le prodigue (3).

Si l'on veut supposer maintenant que le prodigue s'obstine à ne pas invoquer la prescription, je dirai, que si c'est par ineptie et dérangement d'esprit, il faut provoquer son interdiction ; si ce refus au contraire vient d'un sentiment louable d'honneur ou de probité, je ne vois pas pourquoi le conseil prétendrait violenter la conscience de celui qu'il n'a mission de protéger que contre ses prodigalités : or, ce n'est pas une prodigalité ; ceci m'amène à dire combien le danger dont on nous parle est peu à craindre en fait ; ce qui est à craindre, ce n'est pas que le prodigue laisse les tiers s'emparer clandestinement de ses biens par prescription ; il sera en général, au contraire, fort disposé à les poursuivre, ne fût-ce que pour vendre le bien recouvré et en dissiper le prix ; son travers n'est pas de laisser passer ses droits aux autres par non-jouissance, c'est au contraire d'en jouir et d'en abuser par lui-même jusqu'à ce qu'il n'en reste rien.

(1) Nouveau Denizart, v° *Conseil nommé par justice*, § 2, n° 2.

(2) En ce sens, Cassat. 20 mars 1816. Toullier, t. 2, n° 1336. Duranton, t. 3, n° 796. M. Demolombe, t. 8, n° 763. Cassat. 8 déc. 1841.

(3) En ce sens, M. Demolombe, t. 8, n° 763. M. Valette, *Explication sommaire*, t. 1, p. 388. — Jugé en sens contraire. Paris, 27 août 1855, 26 juin 1857.

Ce que nous avons décidé relativement à la prescription, suppose nécessairement que la prescription court contre l'individu qui est pourvu d'un conseil judiciaire; on l'a contesté (1), mais à tort, nous semble-t-il. La règle est, en effet, que la prescription court contre toute personne, à moins qu'elle ne soit dans quelque exception établie par la loi (2251). Or, la loi ne suspend la prescription que dans l'intérêt des interdits; être interdit et avoir un conseil judiciaire sont deux choses bien distinctes; celui qui a un conseil judiciaire se trouve donc placé sous l'empire de la règle générale.

CHAPITRE IV.

EFFET DES ACTES POUR LESQUELS L'ASSISTANCE EST NÉCESSAIRE; SOIT QU'ELLE AIT EU LIEU, SOIT QU'ELLE N'AIT PAS EU LIEU.

Lorsque les actes mentionnés dans l'art. 513 ont été passés par le prodigue avec l'assistance de son conseil, ils sont parfaitement valables, aussi valables que s'ils avaient été passés par une personne majeure et ayant le complet exercice de sa capacité; ces actes sont, en d'autres termes, inattaquables, sauf, bien entendu, les causes de nullité de droit commun.

Si au contraire le prodigue a fait un de ces actes sans l'assistance de son conseil, il y a lieu à l'application de l'art. 502; il pourra donc en invoquer la nullité sans avoir à faire la preuve d'une lésion par lui soufferte; son action sera purement relative et temporaire, elle ne pourra être intentée après un délai de dix années à partir de la mainlevée du jugement qui a nommé le conseil judiciaire (1304); enfin l'acte annu-

(1) Dalloz, Rec. alph., v° *Prescription*, p. 275, n° 9.

lable sera susceptible de ratification après la cessation de l'incapacité (1338).

Si nous attachons ainsi, sans un texte précis, à la nullité de l'art. 513, les effets que nous avons reconnus à la nullité de l'art. 502, c'est que l'état de la personne à laquelle un conseil judiciaire est donné est en quelque sorte une semi-interdiction, et qu'il en est, en effet, traité dans un chapitre du titre *De l'interdiction*. C'est qu'enfin, malgré les différences que nous avons déjà constatées, il est impossible de trouver dans le code deux positions qui présentent entre elles plus d'analogie.

Les actes passés avant le jugement de nomination d'un conseil judiciaire sont valables, l'art. 503 n'a pas d'analogue dans notre matière, nous l'avons déjà dit; en ce sens, il a été jugé que les créanciers qui ont obtenu condamnation emportant contrainte par corps conservent leur droit à l'exercer malgré le jugement qui nomme un conseil au débiteur (1). Aussi quand il existe déjà des actes préjudiciables consentis sans que la volonté ait été suffisamment éclairée, il vaut mieux prononcer l'interdiction que nommer au conseil judiciaire.

Quant aux actes passés entre la demande de nomination d'un conseil judicaire et le jugement, pendant la litispendance, que décider? Nous trouvons sur ce point une difficulté que nous n'avons pas rencontrée dans la matière de l'interdiction, parce qu'ici, nous venons de le dire, l'art. 503 n'est pas applicable, et qu'en principe les actes antérieurs ne peuvent être annulés (2). Cependant il est bien difficile de ne pas laisser aux juges la faculté d'annuler les actes passés depuis la demande, lorsque, par exemple, le tiers connaissait l'instance engagée, et que c'est pour faire à l'avance fraude à la chose qui va être jugée que le prodigue a ainsi contracté des enga-

(1) Bruxelles, 13 avril 1808.
(2) Orléans, 25 août 1837.

gements onéreux. Déjà la coutume de Bretagne ordonnait, lorsque la cause *entrait en contestation et longueur*, que *l'état du procès serait banni*, et que les contrats passés avec le prodigue *depuis le ban* seraient de nulle valeur s'il était ensuite déclaré *mal usant de ses biens* (1). Nous n'avons aujourd'hui aucune disposition spéciale sur ce point, mais les juges pourront, je pense, annuler ces actes par les motifs tirés des articles 1109 et 1116. Le moyen le plus simple et le plus juridique de prévenir toute difficulté serait de nommer au prodigue pendant l'instance un conseil judiciaire *provisoire*; l'art. 514 rend en effet l'art. 497 applicable à notre sujet (2).

CHAPITRE V.

CESSATION DE L'INCAPACITÉ RÉSULTANT DE LA NOMINATION D'UN CONSEIL JUDICIAIRE.

Quand les causes qui ont déterminé la nomination d'un conseil judiciaire viennent à disparaître, l'incapacité doit cesser; lorsque le faible d'esprit a vu ses facultés atteindre, sous l'influence de l'âge ou des circonstances, leur développement normal; lorsque le prodigue, maîtrisant sa passion, est revenu à l'usage régulier de sa fortune, un jugement de mainlevée retire la défense qui leur était faite de procéder sans l'assistance du conseil aux actes énumérés dans l'art. 513. Les formes nécessaires pour arriver à lever la prohibition sont les mêmes que celles qui ont été nécessaires pour la faire prononcer (art. 514-2°).

(1) Meslé, partie 2, chap. 13, nos 9 et 14.
(2) Caen, 28 juin 1837.

Ces formalités sont une garantie que la capacité ne sera pas rendue à un individu qui pourrait en faire un abus dangereux pour lui et pour les autres.

L'art. 514 est à cet égard en parfaite harmonie avec l'art. 512, et il nous suffit de renvoyer à ce que nous avons dit plus haut sur les personnes qui peuvent demander la mainlevée de l'interdiction, sur les formalités à remplir et sur les effets qui suivent le jugement de mainlevée (1).

La personne pourvue d'un conseil peut incontestablement demander elle-même la mainlevée du jugement qui le lui a donné. Nous avons reconnu cette faculté à l'interdit : nous devons à plus forte raison la reconnaître au prodigue, qui n'a jamais perdu l'exercice de ses droits.

Le tribunal compétent sera celui du domicile de la personne à laquelle un conseil a été nommé : ce ne peut être, comme pour l'interdit et pour le mineur, celui du tuteur, puisqu'il n'y en a pas ; nous rentrons donc dans les termes du droit commun; il y a bien moins d'inconvénient qu'il n'y en aurait en matière d'interdiction ou de tutelle alors que le dément ou le mineur sont sous la dépendance d'un conseil de famille. Je sais bien que l'on peut craindre que le prodigue ne change de domicile tout exprès pour obtenir plus facilement la mainlevée dans un pays où il ne sera pas connu : mais cette objection toute de fait ne me paraît pas suffisante pour abandonner les principes; et d'ailleurs ne serait-il pas quelquefois bien rigoureux pour l'individu pourvu d'un conseil d'avoir à revenir devant le tribunal d'un domicile qu'il a peut-être quitté depuis longtemps ? Le souvenir de sa prodigalité passée et son éloignement actuel ne lui rendront-ils pas doublement difficile de faire reconnaître par les juges son retour à la modération et à l'ordre ?

Dans l'ancienne jurisprudence on discutait la question de

(1) Rennes, 16 août 1838.

savoir si le décès ou l'incapacité de la personne choisie pour conseil judiciaire rétablissait *de plano* le prodigue dans l'exercice de ses droits. Plusieurs arrêts avaient décidé l'affirmative; cependant un arrêt, souvent cité, du parlement de Paris, du 6 juin 1760, avait formellement consacré la doctrine opposée; c'est, sans aucun doute, dans ce dernier sens qu'il faut prononcer aujourd'hui, le texte de l'art. 514 ne permet pas de soustraire ainsi la mainlevée aux formalités nécessaires pour la nomination; il n'admet qu'une seule manière de faire cesser la défense de procéder sans conseil: la prohibition faite par justice ne peut être levée que par justice. On ne peut d'ailleurs rien imaginer de plus dangereux pour le prodigue qu'un retour aussi soudain, aussi fortuit à la pleine capacité; il se ruinerait avant qu'on eût le temps de lui faire nommer un autre conseil; le but de la loi serait complétement manqué (1).

La nouvelle nomination pourra être provoquée par les mêmes personnes qui ont qualité pour provoquer en général la nomination d'un conseil; j'admettrais également le prodigue lui-même à provoquer cette nomination en remplacement; il ne s'agit pas ici en effet de prononcer une incapacité, bien au contraire, le prodigue demande à pouvoir exercer ses droits sous les restrictions déterminées par le premier jugement; il demande à sortir d'une incapacité absolue vis-à-vis de certains actes; pourquoi ne pourrait-il pas se faire nommer un nouveau conseil, en cas de mort du premier, comme il peut, ainsi que nous l'avons vu, faire changer celui qu'il a, en cas de refus abusif d'assistance?

Le conseil judiciaire, par la nature même de ses fonctions, ne peut être considéré comme comptable, il n'a aucune gestion dans ses attributions, il n'a donc aucun compte à rendre, rien de ce qui est réglé dans la section IX du liv. I, tit. X, chap. II

(1) Cassat., 14 déc. 1840.
(2) M. Chardon, *Puiss. tutél*, n° 281. M. Demolombe, t. 8, n° 776.

du Code ne saurait lui être appliqué. Mais est-il responsable du préjudice causé au prodigue par suite d'une assistance donnée mal à propos, d'un refus d'assistance, ou d'un retard dans son intervention? Il me semble bien difficile de poser à cet égard une solution absolue, et de dire, soit, qu'il est responsable, soit, qu'il ne l'est pas. En principe, *consilii non fraudulentis, nulla est obligatio;* mais, d'un autre côté, comment refuser de reconnaître que sa responsabilité peut être engagée (1382, 1383), s'il a apporté une négligence coupable dans l'accomplissement du mandat qu'il avait accepté? C'est une question de bonne foi, une question toute personnelle, pour laquelle les tribunaux qui connaissent de l'affaire ont seuls les éléments de décision.

TROISIÈME PARTIE.

SUITES DU PLACEMENT DANS UNE MAISON D'ALIÉNÉS.

GÉNÉRALITÉS.

L'interdiction est une mesure extrême à laquelle les familles se décident difficilement à recourir; l'influence pénible et quelquefois dangereuse que la procédure produit sur l'esprit du malade, l'espèce de déconsidération qui s'attache à la position de l'interdit et qui rejaillit en partie sur ceux qui lui tiennent de près faisaient que bien souvent on reculait à introduire une demande en interdiction, les aliénés recevaient chez eux ou dans des maisons de santé les soins que leur maladie réclamait.

Ce traitement nécessitait souvent une véritable séquestration; mais, on le conçoit, d'énormes abus pouvaient se cacher sous ce prétexte et mettre véritablement en danger le principe inviolable de la liberté individuelle. Cependant la justice, craignant de blesser les scrupules honorables des familles, fermait le plus souvent les yeux et n'intervenait que lorsque la séquestration manifestement arbitraire dégénérait en délit (114, 122, 180, Code pénal). Quelque illégales que fussent en elles-mêmes les séquestrations pour cause d'aliénation mentale, l'usage en était si éminemment utile et si universel, que l'autorité avait cru devoir le tolérer. Une instruction du 25 juillet 1810 avait toutefois recommandé sur ce point aux commissaires de police la surveillance la plus active.

La loi du 30 juin 1838 sur les aliénés (1) est venue combler la lacune qui se trouvait dans notre législation; elle prévient les séquestrations arbitraires, les attentats à la liberté individuelle.

Cette loi renferme deux ordres de dispositions distinctes; elle a par suite elle-même un double caractère :

Les premières ont pour objet d'assurer la protection des grands intérêts de la société, de l'humanité, de la liberté individuelle.

Les secondes tendent à pourvoir aux intérêts privés de l'aliéné, aux soins que réclament sa personne et ses biens; elles réglementent sa capacité judiciaire.

Sous la première de ces faces, la loi de 1838 ne rentre pas dans le cadre de notre étude; quelque intéressantes que soient les questions auxquelles elle donne lieu, nous ne pouvons nous y arrêter longtemps, et nous nous bornons à renvoyer aux ouvrages qui en ont spécialement traité (2).

Le second ordre de dispositions forme au contraire, au point de vue historique comme au point de vue rationnel, le complément de notre travail.

Quelques mots sur la rédaction et sur l'esprit général de cette loi ne seront cependant pas inutiles.

Le projet présenté par le ministre de l'intérieur (M. Montalivet), à la Chambre des députés dans la séance du 6 janvier 1837, fut tout d'abord critiqué comme insuffisant; il ne comprenait, en effet, que quatorze articles, et ne réglementait pas l'administration des biens des aliénés pendant le temps de leur détention; enfin il ne prescrivait pas la création d'établissements nou-

(1) L'expression *aliéné* introduite dans notre législation en 1838 est cependant d'origine Romaine. Loi 14, *De off. præsid.* liv. 1, tit. 18.

(2) M. Demolombe, t. 8. M. Valette, *Explication sommaire.* Dalloz, rép. vo *Aliénés*. MM. Durieu et Roche. M. Bertin, Chambre du Conseil en matière civile et disciplinaire.

veaux alors que les anciens étaient bien loin de répondre aux besoins du service d'une manière satisfaisante. Un projet amendé, dont M. Vivien fut rapporteur, agrandit de beaucoup la portée de la loi et entra bien plus avant dans les détails de la question; ce qui concernait la dépense des aliénés, l'administration de leurs biens, le sort des actes consentis par eux pendant la séquestration y était l'objet de dispositions nombreuses.

De nouvelles et importantes modifications apportées par la commission de la Chambre des pairs (séance du 28 avril 1837), déterminèrent le retrait du projet par le gouvernement; enfin, un troisième projet, résultat des discussions précédentes, fut adopté le 14 juin 1838.

La loi est divisée en trois titres : Le premier traite de la formation et de la direction des établissements d'aliénés, soit publics, soit privés ; le second des placements faits dans les établissements d'aliénés; ce titre est composé de quatre sections : 1° Placements volontaires; 2° placements ordonnés par l'autorité publique; 3° dépenses du service des aliénés; 4° dispositions communes à toutes les personnes placées dans les établissements d'aliénés. Le titre troisième intitulé : Dispositions générales, contient la sanction des prescriptions de la loi.

« Chaque département est tenu d'avoir un établissement public spécialement destiné à recevoir et à soigner ses aliénés, ou de traiter à cet effet avec un établissement public ou privé, soit de ce département, soit d'un autre département. » (art. 1.)

Les placements sont de deux sortes : 1° d'office; 2° volontaires.

1° Toute personne interdite ou non interdite, qui par la nature de son affection mentale compromettrait l'ordre public, sera placée dans un établissement par ordre de l'autorité publique. (Tit. II, section II.)

En présence de cette disposition de la loi, on ne peut admettre que la famille d'un aliéné dangereux puisse se charger elle-même de son traitement à domicile et le soustraire au placement d'office; les précautions prises par les parents pourraient, en effet, ne pas présenter les garanties de sécurité que l'ordre public exige impérieusement. Le placement d'office sera le moyen de protéger la famille contre les conséquences, quelquefois funestes d'un dévouement aveugle; souvent aussi l'intervention de l'autorité aura pour but de mettre un terme aux dangers que l'aliéné peut courir au sein d'une famille lassée de le soigner.

Le pouvoir de l'administration est soumis au contrôle protecteur de l'autorité judiciaire, gardienne naturelle de la liberté des citoyens. La sortie de la personne séquestrée pourra toujours être ordonnée par justice et devra être immédiatement exécutée.

Les magistrats compétents pour requérir les placements d'office sont, à Paris, le préfet de police, et dans les départements, les préfets (18); « en cas d'un danger imminent, les commisaires de police, à Paris, et les maires dans les autres communes, ordonneront à l'égard des personnes atteintes d'aliénation mentale toutes les mesures provisoires nécessaires, à la charge d'en référer, dans les vingt-quatre heures au préfet qui statuera sans délai (19). »

Si le placement d'un aliéné dangereux a été fait volontairement, il est évident que l'autorité qui aurait pu le faire placer d'office pourra s'opposer à sa sortie (21).

2° L'aliéné dont la maladie n'est pas de nature à compromettre l'ordre public, ne peut être placé d'office par l'autorité dans un établissement, à moins qu'il n'ait pas de parents connus (argum de l'art 491.).

Mais toute personne peut requérir l'admission d'un aliéné dans un établissement public ou privé; la loi s'est attachée à rendre cette admission très-facile; elle a dû cependant prendre les précautions nécessaires pour prévenir les atteintes à la liberté individuelle; les articles 8 et suivants contiennent l'énumération des formalités destinées à constater :

1° L'individualité de celui qui requiert l'admission et qui en prend la responsabilité.

2° L'individualité de celui dont l'admission est requise, afin d'empêcher une substitution de personne.

3° La réalité et le caractère de l'affection de la personne que l'on fait admettre dans l'établissement.

Un aliéné pourrait-il dans une intervalle lucide demander sa propre admission? Je n'en fais pas un doute. Si, en matière d'interdiction ou de conseil judiciaire, nous avons refusé à l'insensé ou au prodigue le droit de provocation, c'est que dans ces deux hypothèses la modification, la perte de la capacité, est la conséquence directe de la demande; ici, au contraire le but essentiel et direct est le traitement de la maladie, la capacité, nous le verrons, n'est pas atteinte. La loi de 1838 suppose toujours la demande formée par un tiers, parce qu'elle se place dans le cas le plus ordinaire; elle a statué *de eo quod plerumque fit*, mais il n'y a pas d'exclusion.

Un système actif de surveillance est organisé par la loi, qui établit un contrôle en quelque sorte permanent sur la tenue des établissements publics ou privés. Elle veut par là sauvegarder la liberté des citoyens et assurer des garanties sérieuses au traitement et aux soins dont les personnes admises doivent être l'objet.

Disons avant de clore ces explications préliminaires que les dépenses qui concernent les aliénés sont à la charge des personnes placées, et à défaut à la charge de ceux auxquels ces personnes pourraient demander des aliments (205 et suiv.)

CHAPITRE PREMIER.

ÉTAT ET CAPACITÉ DES PERSONNES PLACÉES DANS UN ÉTABLISSEMENT PUBLIC OU PRIVÉ D'ALIÉNÉS, EN GÉNÉRAL

Si la personne placée dans un établissement public ou privé d'aliénés est interdite, rien de ce que prescrit la loi de 1838 n'est applicable; la situation est celle que nous avons étudiée déjà en exposant les *suites de l'interdiction*.

Nous en dirons autant du mineur non émancipé.

Si un mineur émancipé est placé dans un établissement d'aliénés, il faudra lui nommer un administrateur provisoire comme nous le verrons bientôt (art 32) il ne peut plus en effet gérer lui-même son patrimoine. Il en sera de même de la personne qui était pourvue d'un conseil judiciaire; elle aussi, perd par sa séquestration la faculté de faire les actes d'administration.

En supposant qu'un enfant trouvé soit atteint d'aliénation mentale, et qu'il soit placé dans un établissement public, la tutelle de la commission de l'hospice, à laquelle il était soumis, passe à la commission administrative de l'établissement d'aliénés; si l'enfant trouvé est au contraire placé dans un établissement privé, comme il n'y a pas de commission administrative, la tutelle restera à la commission de l'hospice (1).

En principe la loi n'interdit pas les aliénés elle ne les rend pas incapables, ils le sont de fait pendant les accès, et même pour bien des actes pendant la séquestration, mais il est certain que leur capacité reste, et que pendant un intervalle lucide, ils pourraient valablement exercer leurs droits ; tout un système

(1) MM. Durieu et Roche, *Rép. de l'adm. et de la comptab. des établ. de bienf.*, t. 1, v° *Aliénés*, n° 133.

de protection a été organisé pour parer à l'impossibilité dans laquelle ils sont en général d'agir par eux-mêmes; et à cet effet trois sortes de personnes peuvent être commises par la justice pour prendre soin de leurs intérêts : 1° un administrateur provisoire; 2° un curateur à la personne; 3° Un mandataire spécial.

CHAPITRE II.

ADMINISTRATEUR PROVISOIRE.

L'administration provisoire est confiée à différentes personnes suivant que le placement a eu lieu dans un établissement public ou dans un établissement privé.

1° Le placement a été fait dans un établissement public. L'administrateur provisoire est *légal* (art. 31). La commission administrative ou de surveillance de l'établissement désigne un de ses membres pour en remplir les fonctions.

« Cette administration, disait le rapporteur de la commission de la Chambre des Pairs, est analogue à la tutelle qui est conférée à ces mêmes commissions par la loi du 15 pluviôse an XIII relative aux enfants trouvés. » D'après la même loi, le receveur de l'hospice est chargé de toucher les revenus des enfants trouvés, s'ils en ont, et il en est responsable sur son cautionnement; de même ici l'art. 31-3° porte que « le cautionnement du receveur sera affecté à la garantie desdits deniers par privilége aux créances de toute autre nature. » Disons, du reste, que, en général, cette responsabilité ainsi que la gestion de l'administrateur provisoire seront purement nominales, car le plus grand nombre des aliénés placés dans les établissements publics n'a pas de biens.

Les pouvoirs de l'administrateur provisoire ainsi choisi par la commission sont très-restreints : « Il procédera au recouvrement des sommes dues à la personne qui est placée dans l'établissement, et à l'acquittement de ses dettes; passera des baux qui ne pourront excéder trois ans, et pourra même, en vertu d'une autorisation spéciale accordée par le président du tribunal civil, faire vendre le mobilier. Les sommes provenant soit de la vente, soit des autres recouvrements, seront versées directement dans la caisse de l'établissement, et seront employées, s'il y a lieu, au profit de la personne placée dans l'établissement. » (Art. 31).

On voit par ceci que l'administrateur n'est pas comptable; il n'est soumis à aucune hypothèque légale de ce chef.

Les sommes recueillies pourraient parfaitement, quoique la loi n'en dise rien, mais on l'a fait remarquer dans la discussion, être remises, soit aux enfants, soit à la femme de l'aliéné, s'il en est besoin.

Quel est le tribunal dont le président doit donner l'autorisation de vendre? Le texte est muet, les principes en matière de minorité et d'interdiction nous conduisent à décider que ce sera le tribunal du domicile de l'aliéné (1), sauf le cas d'urgence, on pourrait alors, me semble-t-il, admettre la compétence du tribunal de l'établissement ou même du tribunal de la situation.

Cette administration provisoire d'office n'est forcée ici ni pour commission, ni pour la famille. Chacune peut en demander la cessation et provoquer la nomination d'un administrateur par le tribunal. (Art. 31, *in fine*). « Néanmoins, les parents, l'époux ou l'épouse des personnes placées dans des établissements d'aliénés dirigés ou surveillés par des commissions administratives, ces commissions elles-mêmes, ainsi que le procureur du roi, pourront toujours recourir aux dispositions des ar-

(1) MM. Durieu et Roche, no 134.

ticles suivants. » Dans cette hypothèse il n'y a plus, sous ce rapport, de différence entre les établissements publics et les établissements privés.

2° Le placement a été fait dans un établissement privé.

L'administrateur provisoire est *datif*, c'est le tribunal, en chambre du conseil, qui le nomme : « Sur la demande des parents, de l'époux ou de l'épouse ou sur la provocation d'office du procureur du roi, le tribunal du lieu du domicile pourra, conformément à l'art. 497 du Code civil, nommer en chambre du conseil un administrateur provisoire aux biens de toute personne non interdite placée dans un établissement d'aliénés. Cette nomination n'aura lieu qu'après délibération du conseil de famille et sur les conclusions du procureur du roi. Elle ne sera pas sujette à appel. » (Art. 32).

Des amis, à défaut de parents, composeront le conseil de famille, qui du reste n'est appelé à donner qu'un simple avis (1).

Les personnes qui peuvent requérir la nomination de l'administrateur provisoire sont indiquées limitativement par l'art. 32. Les alliés ou les créanciers de l'aliéné n'auraient pas qualité à cet égard (2).

L'administrateur provisoire ne doit pas nécessairement être nommé; on a reconnu dans la discussion que cette nomination est facultative et doit être requise par ceux qui ont droit à le faire. En effet, à la Chambre des Pairs, M. Portalis présenta l'amendement suivant : « Cette nomination devra être faite dans les trois mois qui suivront l'entrée de l'aliéné dans l'établissement. » Mais cet amendement ne fut pas adopté, et M. Girod (de l'Ain) nous en donne les raisons, qui sont décisives (3) : « La faculté selon moi suffit. D'abord, une grande partie des aliénés placés dans les établissements n'a pas

(1) Trib. de la Seine. Chambre du Conseil, 1 juill. 1853.

(2) Trib. de la Seine. Chambre du Conseil, 3 juin 1851.

(3) Duvergier, t. 38, p. 516.

de biens ou très-peu; l'administration dans ce cas ne peut avoir d'objet qu'à l'égard de la personne et non à l'égard des biens, et ce n'est pas sans frais que l'on arriverait à cette administration provisoire... Quant à ceux qui ont des biens, est-ce que le système de la loi n'y pourvoit pas? Non-seulement l'époux, l'épouse, la famille, mais le procureur du roi, à leur défaut, agira d'office toutes les fois que sa sollicitude sera éveillée... Dans tous les autres cas cette obligation serait superflue d'abord, dangereuse peut-être, parce qu'elle constituerait, soit l'établissement, soit les familles dans des frais frustratoires .. »

Je ne déciderais cependant pas que lorsque l'aliéné a donné à quelqu'un procuration à l'effet d'administrer ses biens, il n'y ait pas lieu à nommer un administrateur provisoire. Je sais bien que, s'appuyant sur l'analogie établie par le rapporteur M. Vivien (1), entre l'aliéné et l'absent, on a été jusqu'à dire que « le mandataire du séquestré non interdit devrait conserver ses pouvoirs pendant même toute la vie de ce dernier, si la folie était incurable, puisqu'on aurait sans cesse des nouvelles de sa malheureuse existence (2). » Mais c'est là, à coup sûr, exagérer l'analogie : l'art. 32 laisse au tribunal un pouvoir discrétionnaire; la procuration pourra, je le conçois, retarder quelquefois la nomination de l'administrateur; si, par exemple, on espère une prompte guérison ; mais c'est une question de fait et d'appréciation des circonstances (3).

L'aliéné pourrait lui-même faire la demande d'un administrateur provisoire. Cette demande, en effet, n'entraîne aucune incapacité, elle appelle seulement le complément d'un état de choses auquel l'aliéné est déjà soumis. Comme l'aliéné séquestré se trouve dans l'impossibilité de pourvoir à ses intérêts,

(1) *Moniteur*, 19 mars 1837.
(2) M. Chardon, *Puiss. tutél.*, n° 189.
(3) M. Demolombe, t. 8, n° 816.

il est juste qu'on y pourvoie pour lui; d'ailleurs l'art. 38 l'autorise à demander un curateur à la personne, et les raisons sont évidemment les mêmes.

La nomination se fera toujours en la Chambre du conseil; elle ne sera pas susceptible d'appel : la loi veut éviter les frais inutiles et les dangers de la publicité. Le tribunal compétent est toujours celui du domicile de l'aliéné (1).

Le tribunal peut choisir qui il veut pour administrateur : c'est, en général, un parent qui est appelé à remplir ce devoir de famille ; un héritier présomptif apportera, plus que tout autre, du soin et de la diligence dans l'administration des biens de l'aliéné.

Les fonctions d'administrateur provisoire sont obligatoires et gratuites comme la tutelle; l'art. 34 établit l'assimilation sous ce rapport. « Les dispositions du Code civil sur les causes qui dispensent de la tutelle, sur les incapacités, les exclusions ou les destitutions des tuteurs, sont applicables aux administrateurs provisoires nommés par le tribunal. »

« Sur la demande des parties intéressées ou sur celle du procureur du roi, le jugement qui nommera l'administrateur provisoire pourra en même temps constituer sur ses biens une hypothèque générale ou spéciale, jusqu'à concurrence d'une somme déterminée par ledit jugement. — Le procureur du roi devra, dans le délai de quinzaine, faire inscrire cette hypothèque au bureau de la conservation; elle ne datera que du jour de l'inscription. »

Telle est la combinaison nouvelle et heureuse que présente la loi de 1838 pour donner une garantie hypothécaire à l'aliéné. C'est le résultat d'une transaction entre la chambre des pairs et la chambre des députés. On avait voulu, dans le projet, établir une nouvelle hypothèque légale, mais ce système fut

(1) Trib. de la Seine, Chambre du conseil, 1 juillet 1853.

repoussé sur les observations de la Chambre des pairs (1); et on est arrivé à une hypothèque qui, sans être tout à fait légale ou tout à fait judiciaire, participe cependant de ce double caractère; le tribunal détermine, en fait, quelle est l'étendue de la garantie nécessaire et n'atteint pas inutilement le crédit de l'administrateur.

En même temps, dit l'art. 24. Serait-il cependant impossible au tribunal de constituer hypothèque après coup s'il ne l'avait fait dans le jugement de nomination ? Oui, dit-on; le silence du premier jugement établit que l'administrateur a été regardé comme suffisamment solvable; on reconnaît du reste qu'il faudrait faire exception pour le cas où, après le jugement, des changements seraient survenus dans la fortune de l'aliéné ou dans celle de l'administrateur (2). Il vaut mieux suivant nous décider que dans tous les cas l'hypothèque pourrait être postérieurement constituée; il s'agit, en effet, ici d'un *acte de juridiction gracieuse* pour lequel il ne saurait y avoir chose jugée, la chambre du conseil ne jugeant pas, et ne pouvant faire que des actes d'administration et de tutelle judiciaire (3).

Le procureur du roi est spécialement chargé de requérir l'inscription; mais, bien certainement, elle pourrait également être requise par le conjoint, les parents ou les amis de l'aliéné (4) (art. 2139).

La loi ne précise pas quelles sont les fonctions de l'administrateur provisoire, elle se borne (art. 32) à renvoyer à l'art. 497 du Code civil. D'ailleurs, par cela seul que les fonctions sont provisoires, il est évident que l'administrateur ne doit faire que les actes d'administration et même seulement les actes nécessaires; l'art. 31 lui donne le droit de passer des baux n'excédant

(1) Rapport de M. Barthélemy.
(2) M. Chardon, *Puiss. tutél*, no 177.
(3) M. Bertin, *Chambre du Conseil*, t. 1. *Généralités*, no 36.
(4) MM. Durieu et Roche, no 154. Dalloz, no 256.

pas trois ans et de vendre le mobilier avec autorisation du président du tribunal.

Il ne faudrait pas croire cependant que cette administration n'est essentiellement et ne peut être que provisoire; la loi elle-même suppose que cet état aura quelquefois une certaine durée, puisque, nous le verrons, elle décide que les pouvoirs de l'administrateur peuvent être renouvelés au bout de trois ans; et, en fait, bien des personnes restent fort longtemps et même toute leur vie dans cette situation.

L'administrateur ne pouvant faire que des actes d'administration, s'il était nécessaire de faire une acquisition ou une aliénation immobilière, une transaction, une acceptation ou une répudiation de succession, une constitution d'hypothèque, ou enfin des réparations considérables, il n'y aurait pas d'autre moyen d'exercer ces droits que de provoquer l'interdiction. C'est ce qui a été décidé dans la discussion même de la loi à la Chambre des députés, en même temps que l'on ne reconnaissait à l'administrateur provisoire que les pouvoirs accordés à celui qui est nommé pendant l'instance en interdiction, aux termes de l'art. 497. S'il fallait ester en justice, soit en demandant, soit en défendant, l'administrateur provisoire n'aurait pas qualité pour le faire; à moins qu'il ne s'agît d'une action en payement d'aliments à intenter (art. 27); nous verrons (art. 33) que, dans ce cas, il y a lieu à la nomination d'un mandataire spécial.

Mais l'administrateur peut représenter l'aliéné dans les inventaires, comptes, liquidations et partages qui auraient pour objet des successions acceptées par l'aliéné avant son placement; ce n'est qu'au défaut d'administrateur que le président, à la requête de la partie la plus diligente, nommera un notaire qui représentera l'aliéné non interdit (art. 36).

L'administrateur provisoire n'a besoin d'aucune autorisation pour faire les réparations nécessaires (1), ni pour placer en

(1) Chambre du Conseil du tribunal de la Seine, 3 juillet 1851.

rentes sur l'État les capitaux qui se trouvent entre ses mains (1), ni pour poursuivre les débiteurs de l'aliéné en vertu d'un titre exécutoire (2), ni pour constituer sur les revenus une dot aux enfants de l'aliéné; il agit dans ce cas sous sa propre responsabilité (3). Quant à l'autorisation de vendre un fonds de commerce appartenant à l'aliéné, la Chambre du conseil l'a tantôt donnée (4), tantôt refusée (5). Je crois que la Chambre ne devrait pas accorder cette autorisation; elle ne doit pas en effet s'immiscer dans les affaires de l'aliéné : l'administrateur agit en principe sous sa responsabilité personnelle; elle l'a d'ailleurs reconnu elle-même formellement (6).

Les pouvoirs de l'administrateur provisoire cessent de plein droit à la sortie de la personne retenue dans un établissement d'aliénés (à moins que la sortie ne soit que temporaire) (7), et indépendamment de la sortie par l'expiration d'un délai de trois ans ; mais ils pourront être renouvelés (art. 33). Le jugement qui renouvelle les pouvoirs, comme celui qui les donne, ne doit pas être sujet à appel (8).

Les fonctions ainsi renouvelées sont-elles obligatoires pour l'administration, comme elles le sont lorsque la Chambre les confère pour la première fois (art. 32)?

MM. Durieu et Roche (9), ainsi que M. Dalloz (10), pensent que l'administrateur peut refuser. Cette opinion se fonde sur l'art. 37, qui ne reproduit pas la disposition de l'art. 34 ; on invoque aussi en sa faveur l'esprit de la loi : le tuteur de l'inter-

(1) Ch. du cons., 20 mars 1851.
(2) *Id.*, 16 déc. 1851, 15 juillet 1853.
(3) *Id.*, 23 avril 1853.
(4) 30 avril, 5 juin 1850, 3 juillet 1851, 20 avril 1852, 2 juin 1854.
(5) 11 juillet 1849.
(6) 20 mars 1851.
(7) 19 mars 1854.
(8) Paris, 4 janv. 1851. *Gazette des Tribunaux*, du 6 janv.
(9) No 166.
(10) No 275.

dit est déchargé après dix ans (508) : l'administrateur provisoire ne doit pas non plus être indéfiniment tenu. Mais il nous semble qu'autoriser, comme la loi le fait, le tribunal à renouveler les pouvoirs de l'administrateur, c'est lui laisser par cela même le droit de proroger la situation faite à l'administrateur et de la proroger telle qu'elle est, c'est-à-dire avec son caractère obligatoire. Il y aurait du reste des inconvénients graves à devoir toujours initier de nouvelles personnes aux affaires de l'aliéné; des redditions de comptes multipliées, beaucoup de frais frustratoires en seraient la suite. A la vérité, dans notre système, il n'y a pas de limites à la durée de la charge qui pèse sur l'admistrateur, mais (art. 37), c'est le tribunal qui renouvelle, et il y a dans cette circonstance des garanties suffisantes pour qu'il n'y ait pas d'abus (1).

Une hypothèse fort importante relativement au rôle de l'administrateur provisoire est réglée par l'art. 35.

« Dans le cas où un administrateur provisoire aura été nommé par jugement, les significations à faire à la personne placée dans un établissement d'aliénés seront faites à cet administrateur. — Les significations faites au domicile pourront, suivant les circonstances, être annulées par les tribunaux. — Il n'est point dérogé aux dispositions de l'art. 173 du Code de commerce. »

Le projet de loi exigeait trois significations : 1° au domicile de l'aliéné; 2° au domicile de l'administrateur provisoire; 3° au procureur impérial. Mais les frais que cette triple formalité nécessitait la firent rejeter. La disposition très-heureuse du deuxième alinéa de l'article est due aux observations de quelques membres de la Chambre des pairs qui firent remarquer, que, si, d'une part, on pouvait craindre la fraude des tiers de mauvaise foi, qui, sachant l'aliéné retenu dans l'établissement, lui opposeraient néanmoins d'injustes déchéances au moyen de significations faites à son domicile, il fallait, d'autre

(1) M. Demolombe, t. 8, n° 827.

part, prendre en considération l'erreur invincible des tiers de bonne foi auxquels nulle mesure de publicité ne donnait connaissance du placement de l'aliéné dans un établissement.

Ces deux intérêts sont sauvegardés par le pouvoir qu'on laisse aux tribunaux d'apprécier les circonstances.

L'art. 35 ne s'applique pas au protêt. Cet acte doit être fait dans les vingt-quatre heures de l'échéance de l'effet; on n'a pas voulu entraver le cours des valeurs commerciales et modifier les délais très-brefs qui en assurent la rapide circulation. Mais ceci doit être entendu restrictivement; tous les autres actes de la procédure commerciale devront, aux termes de l'art. 35, être signifiés à l'administrateur provisoire. L'exception spéciale au protêt ne doit même pas être étendue à la dénonciation du protêt; M. Vivien, rapporteur du projet à la Chambre des députés, en fit la remarque, mais il ne proposa aucune addition en ce sens, afin *de ne pas exposer la loi à de nouveaux retards*. D'ailleurs, comme le protêt peut être dénoncé pendant quinze jours (164. Comm.), le porteur aura assez de temps pour prendre ses renseignements.

Remarquons enfin que l'art. 35 ne sera applicable que quand l'*administrateur provisoire aura été nommé par jugement*; on peut s'en étonner, mais il est certain que, si l'administrateur est nommé par la commission (art. 31) d'un établissement public, les significations seront valablement faites au domicile de l'interdit. MM. Durieu et Roche font toutefois avec raison exception pour le cas où les significations sont relatives à des poursuites en remboursement exercées par cet administrateur (1).

(1) N° 155.

CHAPITRE II.

CURATEUR A LA PERSONNE.

Art. 38 : « Sur la demande de l'intéressé, de l'un de ses parents, de l'époux ou de l'épouse, d'un ami, ou sur la provocation d'office du procureur du roi, le tribunal pourra nommer, en chambre du conseil, par jugement non susceptible d'appel, en outre de l'administrateur provisoire, un curateur à la personne de tout individu non interdit, placé dans un établissement d'aliénés, lequel devra veiller : 1° à ce que ses revenus soient employés à adoucir son sort et à accélérer sa guérison ; 2° à ce que ledit individu soit rendu au libre exercice de ses droits aussitôt que sa situation le permettra. — Ce curateur ne pourra pas être choisi parmi les héritiers présomptifs de la personne placée dans un établissement d'aliénés. »

L'administrateur provisoire, soit légal, soit datif, n'a pas la charge de la personne, quoique l'art. 32 de la loi de 1838 renvoie à l'art. 497 du Code, qui charge l'administrateur provisoire de l'instance d'interdiction de prendre soin de la *personne* et des biens du défendeur ; il est bien certain que c'est le curateur à la personne qui est seul chargé de la personne de l'aliéné.

Il y a là deux mandataires ayant des fonctions bien distinctes et dont l'un est destiné à contrôler l'autre. Le cumul des deux mandats n'est pas possible, (la loi, en effet, dit : *en outre* de l'administrateur provisoire), et si, comme nous l'avons vu, il est très-naturel de prendre un héritier présomptif pour administrateur provisoire, la loi défend positivement de prendre une personne de cette qualité pour curateur à la personne. Le motif de cette prohibition est assez clair, il perce dans les lois à toutes les époques. Dans les XII Tables : « Si furiosus est agnatorum gentiliumque in eo pecuniaque ejus potestas esto. *Ast ei custos nec escit.* » (Tab. v, n° 7.— Festus, au mot *nec*).—Justinien l'accuse d'une manière assez nette en parlant de la substitution pupillaire. « Sive autem quis ita formidolosus sit, ut timeret ne filius ejus, pupillus adhuc, ex eo quod palam substitutum accepit, post obitum ejus *periculo insidiarum objiceretur.* » (Inst., Liv. II, Tit. 16, § 3.)—Enfin les établissements de saint Louis le mettent en relief avec toute la naïveté de l'époque : « Cilz qui ont le retour de la terre ne doivent pas avoir la garde des enfants, car *souspeçon est qu'ils ne voulussent plus la mort des enfants que la vie*, pour la terre qui les escharrait. »

La loi de 1838 ne fait du reste sur ce point que reproduire une règle de pratique universelle en Angleterre (1).

Il est bien probablement dans l'esprit de la loi que les fonctions de curateur soient obligatoires comme celles d'administrateur provisoire ; il s'agit en effet d'une fonction permanente et en quelque sorte d'un dédoublement de la tutelle. Toutefois il est regrettable que l'art. 38 ne se soit pas expliqué sur ce point comme l'art 28.

CHAPITRE III.

MANDATAIRE SPÉCIAL.

Art. 33 ; « Le tribunal, sur la demande de l'administrateur provisoire ou à la diligence du procureur du Roi, désignera un mandataire spécial à l'effet de représenter en justice tout individu non interdit et placé ou retenu dans un établissement

(1) *Moniteur* des 14 et 15 février et du 17 avril 1838.

d'aliénés, qui serait engagé dans une contestation judiciaire au moment du placement, ou contre lequel une action serait intentée postérieusement — Le tribunal pourra aussi, dans le cas d'urgence, désigner un mandataire spécial à l'effet d'intenter, au nom des mêmes individus, une action mobilière ou immobilière, L'administrateur provisoire pourra dans les deux cas être désigné pour mandataire spécial ».

Il y a peut être une complication inutile dans cette disposition de la loi en vertu de laquelle un aliéné aura à la fois trois agents différents : 1° L'administrateur provisoire, 2° Le curateur à la personne, 3° Le mandataire spécial.

Il eût été plus simple de donner à l'administrateur qualité pour représenter l'aliéné en justice ; c'est ce qui se fera souvent dans la pratique, mais la loi a voulu laisser au tribunal la liberté de ne pas le nommer, pour désigner un homme plus exercé aux affaires contentieuses; aussi, je ne crois pas que le tribunal puisse, comme le pensent MM. Durieu et Roche, nommer une fois pour toutes l'administrateur provisoire *mandataire spécial*, le mot même employé deux fois dans l'art. 32 proteste contre cette généralisation du mandat. Il faut qu'un examen sur la question du mandataire à nommer précède chaque procès; c'est un contrôle que la loi exige et qui n'aurait pas lieu si la nomination était faite une fois pour toutes (1).

La charge de mandataire spécial n'est pas obligatoire, et des honoraires peuvent être alloués suivant les cas (2) (1986).

La nomination du mandataire spécial ne peut être provoquée que par l'administrateur provisoire ou le ministère public; un créancier de l'aliéné n'aurait donc pas qualité à cet effet (3).

(1) Trib. de la Seine, Chambre du Conseil, 3 avril 1852, 6 janv. 1853, 15 juillet 1854.

(2) M. Dalloz, no 265. M. Demolombe, t. 8, no 835.

(3) Trib. de la Seine, Chambre du Conseil, 4 juin 1853, 3 juin 1854.

Je n'hésite pas à décider que la nomination d'un mandataire spécial est essentiellement limitée aux instances judiciaires : En 1853, la nomination d'un mandataire ayant été provoquée, à l'effet de représenter l'aliéné dans une instance en compte, liquidation et partage d'une succession échue à celui-ci, on souleva la question de savoir si la chambre du conseil peut autoriser le mandataire spécial à accepter une succession du chef de l'aliéné. L'affirmative fut admise le 4 juin 1853. Voici le raisonnement de la chambre : « Attendu que le droit de représenter l'aliéné dans les opérations auxquelles une succession donne lieu, entraîne *nécessairement* le droit de l'accepter; qu'on ne saurait, en effet, concevoir comment la loi en conférant au mandataire ou au notaire la faculté de procéder au nom de l'aliéné dans les inventaires, liquidations et partages, lui aurait refusé celle de faire l'acte qui en est la base, et sans lequel ces opérations ne pourraient avoir lieu (1). »

Nous ne pouvons aucunement accepter cette solution, et nous ne comprenons même pas la manière dont on prétend y arriver.

Le mandat de représenter dans les opérations du partage suppose-t-il donc *nécessairement* le droit pour le mandataire d'accepter ou de répudier? Il suppose bien plutôt, que l'acceptation a été faite et que les pouvoirs sont conférés au mandataire pour donner suite à l'acceptation qui a eu lieu; c'est là en effet l'hypothèse de la loi, celle pour laquelle est posée la règle de l'art. 36. M. Duvergier le dit « La disposition ne doit être appliquée que lorsque la succession *aura été acceptée* par l'aliéné lui-même avant sa maladie. » Comment d'ailleurs le mandataire spécial aurait-il le droit de faire ainsi un acte d'acquisition ou d'aliénation? Ce mandat ne lui est donné nulle part par la loi; et c'est bien à tort (pour le dire en passant) que la chambre dans sa décision, affirme que cette faculté est conférée au no-

(1) Dans ce sens, 4 juillet 1853, 28 janv. 1854.

taire ou au mandataire spécial par la loi; car le mandat est judiciaire, il n'est pas légal. La loi indique les personnes qui pourront être choisies, mais c'est la chambre du conseil qui donne le mandat; or, comment donnerait-elle mandat d'aliéner, mandat d'exercer un droit qu'elle n'a pas elle-même? Ce droit repose, en effet, toujours sur la tête de l'aliéné, et la chambre ne peut s'immiscer dans la gestion de ses affaires. L'administrateur seul et non la chambre gère les biens, et encore ne le fait-il que dans des limites très-étroites qui ne comprennent pas l'aliénation. D'autres décisions ont, du reste, reconnu ces principes (1). Faisons enfin remarquer que la question avait été tranchée *in terminis* lors de la discussion : aux objections fondées sur les embarras qui pouvaient résulter, à ce sujet, de l'application de la loi, M. Quesnault répondit, que, *s'il y avait lieu à accepter ou à répudier une succession, c'était à l'interdiction qu'il fallait avoir recours.*

M. Bertin montre très-clairement quels sont les pouvoirs du mandataire spécial, et quel est le motif des bornes étroites que la loi a tracées à ses fonctions : « Que la loi cédant à des motifs d'humanité et aux désirs pieux des familles intervienne et donne dans les limites du possible les moyens d'ajourner la demande en interdiction; que dans cette pensée elle attribue à des mandataires le droit de faire, au nom et dans l'intérêt de l'aliéné, les actes de gestion et d'administration nécessaires, nous le comprenons à merveille; ces actes ne peuvent, en effet, porter atteinte aux droits et au patrimoine de l'aliéné. — Mais ce que nous ne saurions admettre, c'est que la loi ait pu et dû conférer aux représentants de celui dont la capacité est entière, des droits tels que ceux d'aliénation, d'acceptation et de répudiation de succession (2). »

L'art. 33 n'est pas applicable pour les aliénés indigents pla-

(1) 20 mars 1851, 30 juin 1853.
(2) M. Bertin, Chambre du Conseil, t. 11, p. 28.

cés dans un établissement public à Paris. D'après la loi du 10 janv. 1849, le directeur de l'assistance publique a, relativement aux aliénés placés sous sa direction, tous les droits qui appartiennent aux tuteurs : il n'y aura donc pas lieu dans ce cas, de nommer un mandataire spécial pour représenter l'aliéné dans les instances qui peuvent le concerner.

CHAPITRE V.

CAPACITÉ DE L'ALIÉNÉ A L'ÉGARD DES TIERS.

Art. 39 : « Les actes faits par une personne placée dans un établissement d'aliénés, pendant le temps qu'elle y aura été retenue sans que son interdiction ait été prononcée ni provoquée, pourront être attaqués pour cause de démence, conformément à l'art. 1304 du Code civil. — Les dix ans de l'action en nullité courront, à l'égard de la personne retenue qui aura souscrit les actes, à dater de la signification qui lui en aura été faite, ou de la connaissance qu'elle en aura eue après la sortie définitive de la maison d'aliénés; et à l'égard de ses héritiers, à dater de la signification qui leur en aura été faite, ou de la connaissance qu'ils en auront eue depuis la mort de leur auteur. Lorsque les dix ans auront commencé à courir contre celui-ci, ils continueront de courir contre les héritiers. »

L'état de l'aliéné est, on le voit, un état mixte qui n'est pas l'incapacité, mais qui n'est pas non plus l'état normal des personnes vis-à-vis desquelles il n'existe aucune présomption d'insanité.

Deux systèmes sur la fixation du sort des actes passés par l'aliéné se présentèrent à l'examen de la Cour des pairs : M. Laplagne Barris proposait d'admettre la nullité en principe, sauf à la partie à laquelle l'acte était opposé à prouver que l'aliéné était sain d'esprit quand il a consenti. Mais on ne pouvait ainsi rapprocher l'état de celui qui est placé dans un établissement d'aliénés de l'état de celui qui est en interdiction ou du prodigue auquel on a donné un conseil judiciaire ; d'autant plus qu'ici aucune procédure ne peut avertir, par sa solennité les tiers, d'un changement de capacité qu'ils ont tant d'intérêt à connaître. On préféra laisser aux actes leur validité, sauf à donner aux tribunaux la possibilité d'admettre la preuve de la nullité et le droit de la prononcer. La rédaction un peu obscure de l'article ne montre pas clairement à qui, dans ce cas, incombe la charge de la preuve, et les explications des orateurs ne sont pas non plus très-nettes sur ce point. Voici ce que disait M. Barthélemy à la Chambre des pairs : « Comme l'accomplissement de toutes les formalités prescrites pour arriver à la séquestration d'un individu, établit *une présomption d'aliénation*, croyez que les tribunaux ne se montreront pas très-difficiles *sur les preuves à faire pour justifier que, lorsque l'acte a été souscrit, l'individu était en démence*. Ce sera le cas de dire qu'il faudra que l'acte se défende par lui-même (1)... »

Il semble d'après ce passage, qu'en général, c'est au demandeur *qui attaque l'acte pour cause de démence* à justifier *que lorsque l'acte a été souscrit l'individu était en démence* (2).

D'un autre côté, il est clair que le défendeur aura le plus grand intérêt à combattre cette preuve et à établir lui-même la sanité d'esprit.

En sorte que définitivement la présomption ne peut être affirmée, se trouver d'un côté bien plutôt que de l'autre; ce qu'il y a de bien certain, c'est que les magistrats ont un pouvoir complétement discrétionnaire pour apprécier en fait la validité ou la nullité de l'acte attaqué.

(1) *Moniteur* de 1838, p. 301.

(2) En ce sens, M. Demolombe, t. 8, n° 853. *Contra*. MM. Marcadé. t. 2 p. 320. Taulier, t. 2, p. 128.

L'art. 39 n'est applicable que pour les actes passés pendant la séquestration, c'est très-important à remarquer.

Le système de la loi de 1838, sur les actes faits par un aliéné apporte une double dérogation aux principes du Code civil :

1° Contrairement à l'art. 503, il permet d'attaquer des actes faits par un aliéné dont l'interdiction n'a encore été ni prononcée, ni provoquée, sans que la preuve de la notoriété de la démence soit exigée ;

2° Contrairement à l'art. 504, les actes faits par un aliéné décédé peuvent être attaqués lors même que l'interdiction n'aurait été ni prononcée, ni provoquée, et que la démence ne résulterait pas de l'acte qui est attaqué.

Le législateur a pensé que dans l'un et l'autre cas, le fait même de la séquestration établissait un préjugé grave, que ce fait pouvait suppléer à la notoriété exigée par l'art. 503, et que dans le cas de l'art. 504, il suffisait pour dispenser des ménagements que le Code avait gardé vis-à-vis de celui dont aucune mesure, prise de son vivant, n'avait ébranlé la présomption de sanité.

L'action en nullité introduite par l'art. 39 est relative ; elle ne peut être intentée que par l'aliéné et ses successeurs (1125). Elle est susceptible de confirmation et de ratification (1338), elle ne peut être exercée que pendant un délai de dix ans (1304).

Le projet avait fixé un délai d'un an, mais la Chambre des députés, sur un amendement de M. Mottet, adopta le délai de dix ans en renvoyant à l'art. 1304. Mais le point de départ du délai est différent et présente une garantie de plus pour l'aliéné et ses héritiers. Les dix ans courent à partir de la notification qui est faite de l'acte à l'interdit, ou de la connaissance qu'il en a postérieurement à la sortie. Il y a là pour l'aliéné une position plus favorable que celle que lui ferait l'art. 1304 dans lequel le délai commence sans signification, en sorte que ceux, comme l'interdit, contre lesquels il court sont exposés à ignorer l'acte et à voir cependant leur action en nullité se prescrire, si le tiers avec lequel ils ont contracté a soin de ne pas demander l'exécution dans les dix ans. Il est vrai que cet inconvénient très-grave ne se produit que dans le système qui regarde comme abolie la maxime *Quæ temporalia sunt agendum, perpetua sunt ad excipiendum*.

En tout cas, la preuve que l'aliéné ou ses héritiers ont eu connaissance de l'acte, pourra être faite suivant le droit commun, par écrit ou par témoins, d'après l'importance de la chose (1).

Nous avons dit en quoi le système de l'art. 39 est préférable au système de l'art. 1304, mais on a très-justement fait remarquer que du rapprochement de ces deux articles il résulte une véritable singularité (2), c'est que la personne non interdite placée dans un établissement d'aliénés jouit, pour attaquer ses actes, d'un délai plus long, que celle qui serait interdite. Faut-il prendre ainsi chaque article à part, et respecter scrupuleusement cette singularité choquante? N'e[illegible] e pas *a fortiori*, que l'art. 39 doit être applicable pour l'interdit, et ne doit-on pas dire, que l'art 1304, pour la fixation du point de départ du délai, ne s'applique plus qu'aux interdits qui ne sont pas retenus dans un établissement d'aliénés? Ce serait fort raisonnable, mais c'est bien difficile en présence du texte de l'art. 39 qui porte : *sans que son interdiction ait été prononcée ou provoquée.*

Si l'aliéné a été retiré de l'établissement avant sa guérison, les significations qui lui seront faites pendant la sortie ouvriront-elles le délai de dix ans. ? La question a été soulevée dans la discussion qui a précédé la loi et n'y a pas été résolue; il est bien certain néanmoins que, s'il y avait eu fraude. le tribunal annulerait la signification; cette signification en effet n'a qu'un but, c'est de donner à l'ex-aliéné connaissance de l'acte, or, s'il est encore aliéné et ne peut profiter de la signification, le but

(1) M. Duvergier, Coll. des Lois. Note sur l'art. 39 de la loi de 1838.
(2) M. Valette sur Proudhon, t. 2, p. 561.

de la loi n'est pas atteint. De plus le tiers, ayant contracté avec un individu placé dans une maison d'aliénés, doit savoir qu'il s'est soumis à des chances de nullité.

En somme, on voit que la loi du 30 juin 1838 autorise plutôt les magistrats à déclarer en fait, et suivant les cas, que l'aliéné était incapable, qu'elle ne le frappe, elle-même et d'avance, d'incapacité ; cette situation est équivoque et quelque peu indécise; si elle a ses avantages au point de vue de la tranquillité de l'aliéné et du respect que l'on doit aux susceptibilités honorables des familles, elle a bien ses inconvénients au point de vue du droit, par l'arbitraire qu'elle ouvre aux tribunaux et par le peu de sécurité qu'elle offre à ceux qui voudraient traiter avec les personnes retenues dans un établissement d'aliénés.

M. Duvergier avait prévu ces difficultés dans sa dernière note sur la loi de 1838 (1). « On doit s'applaudir de ce que les cas prévus par cet article se présenteront bien rarement. Qui voudrait, en effet, traiter avec des chances pareilles? Il est certain que presque pas un acte ne sera fait par l'aliéné dans les circonstances de l'article, sans que son exécution ne soit critiquée par lui ou par ses héritiers, et alors, on ne peut le nier, les juges prononceront arbitrairement, ils pourront déclarer l'action en nullité prescrite ou non prescrite sans violer la loi, l'article leur laisse toute latitude à cet égard. D'une part, ils pourront décider que quoique sorti de l'établissement, alors que la notification de l'acte attaqué lui a été faite, l'aliéné n'avait point encore recouvré la raison. Ils pourront aussi juger le contraire. »

(1) Coll. des lois, t. 38, p. 521.

CHAPITRE VI.

CONDITIONS ET FORMALITÉS NÉCESSAIRES POUR LA SORTIE D'UNE PERSONNE RETENUE DANS UN ÉTABLISSEMENT PUBLIC OU PRIVÉ D'ALIÉNÉS.

La sortie peut avoir lieu :

1° Sur la demande de certains particuliers ;

2° Par ordre de l'autorité administrative ;

3° Par ordre de l'autorité judiciaire.

1° La loi accorde à certaines personnes le droit de faire sortir l'aliéné de l'établissement.

Mais ceci n'est applicable qu'en cas de placement volontaire.

Cette faculté, très-favorable à l'aliéné puisqu'elle fait cesser sa séquestration, aurait présenté des inconvénients graves par l'abus qui eût pu en être fait, si la loi ne l'eût réglementée :

« Art. 13. Toute personne placée dans un établissement d'aliénés, cessera d'y être retenue aussitôt que les médecins auront déclaré sur le registre énoncé en l'article précédent que la guérison est obtenue. — S'il s'agit d'un mineur ou d'un interdit il sera donné immédiatement avis de la déclaration des médecins aux personnes auxquelles il devra être remis, et au procureur du Roi. »

« Art. 14 : Avant même que les médecins aient déclaré la guérison, toute personne placée dans un établissement d'aliénés cessera également d'y être retenue dès que la sortie sera requise par l'une des personnes ci-après désignées ; savoir : — 1° Le curateur nommé en exécution de l'art. 38 de la présente loi,

2° L'époux ou l'épouse, 3° S'il n'y a pas d'époux ou d'épouse, les ascendants, 4° S'il n'y a pas d'ascendants, les descendants, 5° La personne qui aura signé la demande d'admission, à moins qu'un parent n'ait déclaré s'opposer à ce qu'elle use de cette faculté sans l'assentiment du conseil de famille, 6° Toute personne à ce autorisée par le conseil de famille. — S'il résulte d'une opposition notifiée au chef de l'établissement par l'un des ayants droit, qu'il y a dissentiment soit entre les ascendants, soit entre les descendants, le conseil de famille prononcera. Néanmoins, si le médecin de l'établissement est d'avis que l'état du malade pourrait compromettre l'ordre public ou la sûreté des personnes, il en sera donné préalablement connaissance au maire, qui pourra ordonner immédiatement un sursis provisoire à la sortie, à la charge d'en référer dans les vingt-quatre heures au préfet. Ce sursis provisoire cessera de plein droit à l'expiration de la quinzaine, si le préfet n'a pas dans ce délai donné d'ordres contraires, conformément à l'art. 21 ci-après. L'ordre du maire sera transcrit sur le registre tenu en exécution de l'art. 12. — En cas de minorité ou d'interdiction, le tuteur pourra seul requérir la sortie. »

Il est bon de remarquer que les frères et sœurs ne se trouvent pas au nombre des personnes qui peuvent requérir la sortie, ce droit leur a été formellement refusé à la Chambre des députés. Le frère et la sœur ne peuvent donc le faire qu'autant qu'ils ont requis eux-mêmes l'admission dans l'établissement, ou reçu à cet effet pouvoir du conseil de famille.

Nul particulier ne peut faire d'opposition quand c'est le conseil de famille, le conjoint ou le curateur à la personne, qui requièrent la sortie.

Si le mineur n'était pas en tutelle, le père aurait certainement le droit exclusif que l'art. 14 donne au tuteur.

Pour un mineur émancipé, on ne se trouve dans aucun des cas prévus par l'article, mais je ne puis douter que le curateur ait le droit de requérir la sortie; faudra-t-il en conclure que les parents ne le pourront pas? ceci me paraîtrait bien rigoureux; il y a moins de danger à étendre un peu qu'à restreindre par trop, le nombre des personnes qui peuvent requérir la sortie.

M. Dalloz (1) pense que le curateur, ou le conseil judiciaire, devront solliciter l'action gracieuse du préfet, ou agir conformément à l'art. 29. Ce sont là des expédients ouverts à tous; il me semble que le curateur ou le conseil judiciaire doivent avoir plus de droits qu'un étranger;

2° Le préfet peut toujours ordonner la sortie immédiate des personnes placées dans un établissement d'aliénés, soit que le placement ait été fait sur son ordre, soit qu'il ait été fait sur la réquisition d'un particulier (art. 16, 20, 21, 23, 30).

Afin que le préfet soit à même de pouvoir, lorsqu'il en est besoin, exercer ce droit, la loi veut : 1° Qu'il soit informé sur le champ de tout placement non ordonné d'office; 2° Que le chef d'établissement lui envoie à des époques rapprochées, le rapport des médecins constatant l'état de santé de toutes les personnes qui sont retenues (art. 9, 11, 20);

3° L'affection présumée de la famille et la sollicitude administrative, n'ont pas semblé au législateur présenter des garanties suffisantes pour le respect de la liberté individuelle. C'est qu'en effet on doit craindre une négligence intéressée de la part de parents qui veulent prolonger la durée de la séquestration; et que, d'un autre côté, l'administration, par erreur ou par incurie, peut ne pas user de son droit. La justice dans ce cas, ordonnera l'élargissement de l'aliéné; son intervention n'est, du reste, que l'application d'un principe de notre droit constitutionnel, qui met la liberté individuelle des citoyens sous la sauvegarde de l'autorité judiciaire.

« Art. 29 : Toute personne placée ou retenue dans un établissement d'aliénés, son tuteur si elle est mineure, son curateur,

(1) N° 149.

tout parent ou ami pourront, à quelque époque que ce soit, se pourvoir devant le tribunal du lieu de la situation de l'établissement, qui, après les vérifications nécessaires, ordonnera, s'il y a lieu, sa sortie immédiate. — Les personnes qui auront demandé le placement, et le procureur du roi d'office, pourront se pourvoir aux mêmes fins. — Dans le cas d'interdiction, cette requête ne pourra être formée que par le tuteur de l'interdit. — La décision sera rendue sur simple requête, en chambre du conseil et sans délai; elle ne sera point motivée. — La requête, le jugement et les autres actes auxquels le jugement pourrait donner lieu, seront visés pour timbre et enregistrés en débet. — Aucunes requêtes, aucunes réclamations adressées, soit à l'autorité judiciaire, soit à l'autorité administrative, ne pourront être supprimées ou retenues par les chefs d'établissement, sous les peines portées au titre III ci-après. »

Le tribunal compétent en cette matière est celui de la situation de l'établissement ; mieux que tout autre, il sera à même d'apprécier l'état de la personne dont la sortie est demandée ; son jugement est rendu dans des formes exceptionnelles que l'analogie de situation a fait prescrire aussi en matière d'adoption (356, 357). Les motifs de la décision pourraient en effet être de nature à frapper, soit le réclamant, soit l'aliéné, d'une sorte de déconsidération morale : or la loi veut que le jugement ne blesse aucune susceptibilité, afin d'encourager les particuliers à provoquer l'intervention de la justice.

Sous le titre de *dispositions générales*, la loi de 1838, établit des peines pour sanctionner ses prescriptions; nous nous bornons à citer cet article qui se trouve déjà un peu en dehors du sujet que nous avions à traiter :

« Art. 4 : Les contraventions aux dispositions des art. 5, 8, 11, 12, du second paragraphe de l'art. 13, des art. 15, 17, 20,

21, et du dernier paragraphe de l'art. 20 de la présente loi, et aux règlements rendus en vertu de l'art. 6, qui seront commises par les chefs, directeurs ou préposés responsables des établissements publics ou privés d'aliénés, et par les médecins employés dans ces établissements, seront punis d'un emprisonnement de cinq jours à un an, et d'une amende de cinquante francs à trois mille francs, ou de l'une ou l'autre de ces peines. Il pourra être fait application de l'art. 469 du Code pénal. »

POSITIONS.

DROIT ROMAIN.

I. Les gentils sont les membres de la famille issue du *manumissor* par rapport aux descendants du *manumissus*.

II. La loi 101 *de verb. oblig.* 45. 1. et la loi 3 Code *de in integrum rest.* 2. 22. doivent être conciliées historiquement.

III. Les fragments connus sous le nom de *Vaticana fragmenta* sont une partie des matériaux rassemblés pour faire un Code, sous Théodose.

IV. La curatelle continue des mineurs de vingt-cinq ans ne date que de Marc Aurèle.

V. La loi 7, §. 1, *de cur. fur.* 27. 10. doit parler d'une *duplicatio* et non d'une *triplicatio*.

VI. La loi 40 *de reg. jur.* 50. 17, qui assimile l'insensé et l'interdit sous le rapport du consentement, ne doit être entendue que d'une hypothèse toute particulière.

VII. Le contrat passé par un insensé alors qu'il est privé de sa raison ne donne pas lieu à une obligation naturelle.

VIII. Le prodigue s'oblige naturellement.

IX. Les lois 60 et 61 *de jure dotium* 23. 3. sont interpolées, et peuvent servir à prouver que, sous Justinien, la personne en curatelle est incapable de s'obliger.

X. La question de savoir si le fidéjusseur du mineur de vingt-cinq ans profitera ou non de la *restitutio in integrum* dépend des circonstances dans lesquelles ce fidéjusseur est intervenu.

DROIT FRANÇAIS.

I. On ne peut provoquer soi-même son interdiction.

II. Un mineur peut être interdit.

III. Dans le cas d'interdiction d'un mineur non émancipé, il y a lieu néanmoins de procéder à la nomination d'un tuteur.

IV. Le conjoint et les enfants ont voix délibérative dans le conseil de famille, à moins que ce ne soit eux qui provoquent l'interdiction.

V. L'art. 511 est applicable au cas d'un petit-enfant.

VI. L'acte est radicalement nul et non pas annulable quand il est prouvé que l'interdit l'a fait dans un moment où il n'avait pas sa raison.

VII. La nullité de l'art. 502 n'est pas applicable sans exception à tous les actes de l'interdit.

VIII. Et, spécialement, on ne doit pas regarder comme nul le mariage contracté par un interdit pendant un intervalle lucide.

IX. L'art. 504 ne s'applique pas aux donations entre-vifs, ni aux testaments.

X. Les juges ne peuvent restreindre suivant les cas la demi-interdiction établie par les art. 499 et 513.

XI. Le régime matrimonial du prodigue qui se marie sans contrat de mariage sera la communauté légale.

XII. La maxime, *quæ temporalia sunt ad agendum, perpetua sunt ad excipiendum*, a été conservée par le Code.

DROIT ADMINISTRATIF.

La collection des discours prononcés par un orateur dans une chambre législative, est la propriété de l'auteur comme toute autre œuvre littéraire.

DROIT COMMERCIAL.

L'étranger jugé par les tribunaux de son pays pour un crime ou un délit commis en France, ne peut pas être poursuivi pour le même fait devant les tribunaux français.

DROIT DES GENS.

La loi du 17 juillet 1856 sur les sociétés en commandite par actions, n'est pas spéciale aux sociétés commerciales ; une société civile qui a revêtu les formes de la commandite par actions, est soumise à ses prescriptions.

Vu par le président de la thèse,
E. Machelard.

Vu par le doyen de la faculté,
C. Pellat.

Permis d'imprimer,
Le vice-Recteur.
A. Mourier.

TABLE DES MATIÈRES.

DROIT ROMAIN.

Première partie.

CHAPITRE I. Lois des XII Tables. Curatelle légitime et curatelle dative. 5
CHAPITRE II. Loi Plætoria. Curateurs spéciaux. 11
CHAPITRE III. Restitutio in integrum. 15
CHAPITRE IV. Curatelle continue des mineurs de vingt-cinq ans sous Marc-Aurèle. 17
CHAPITRE V. Oratio Severi. Défense d'aliéner sans décret les immeubles des mineurs. 21

Deuxième partie.

CHAPITRE I. Règles communes à toutes les curatelles. . . 24
Section I. Nomination du curateur . . . 25
§ 1. Incapacités. 25
§ 2. Excuses. 26
§ 3. Jus nominandi potioris. . . 28
§ 4. Datio curatoris. 37
§ 5. Nominatio curatoris 47
Section II. Administration du curateur. . . . 48
Section III. Garanties données aux personnes soumises à la curatelle. 60
§ 1. Actio negotiorum gestorum utilis contraria. 60
§ 2. Actio de rationibus distrahendis. 62
§ 3. Crimen suspecti curatoris. . 62
CHAPITRE II. Curatelle des insensés. 64
CHAPITRE III. Curatelle des prodigues. 68

Chapitre IV. Curatelle des mineurs de vingt-cinq ans. . 71
Chapitre V. Restitutio in integrum. 75

DROIT FRANÇAIS.

Ancien droit. 81

Première partie.

SUITES DE L'INTERDICTION JUDICIAIRE.

Généralités. 85
Chapitre I. Publicité de la sentence d'interdiction. . . . 90
Chapitre II. Tutelle de l'interdit. 93
§ 1. Organisation de la tutelle de l'interdit 93
§ 2. Administration. 94
§ 3. Cessation 98
Chapitre III. Incapacité de l'interdit. 105
§ 1. Actes passés postérieurement à l'interdiction. 109
§ 2. Actes passés antérieurement. 122
§ 3. Actes d'une personne non interdite actuellement décédée. 127
Chapitre IV. Personne de l'interdit. 134
Chapitre V. Cessation de l'interdiction. 136
Appendice. Interdiction légale. 144

Deuxième partie.

SUITES DE LA NOMINATION D'UN CONSEIL JUDICIAIRE.

Généralités. 146
Chapitre I. Effet général de la nomination d'un conseil judiciaire 150
Chapitre II. Actes pour lesquels l'assistance du conseil est requise. 153
Chapitre III. Nature et forme de l'assistance. 161

Chapitre IV. Effet des actes pour lesquels l'assistance était requise, soit qu'elle ait eu lieu, soit qu'elle n'ait pas eu lieu. 165
Chapitre V. Cessation de l'incapacité résultant de la nomination d'un conseil judiciaire. . . . 167

Troisième partie.

SUITES DU PLACEMENT DANS UN ÉTABLISSEMENT D'ALIÉNÉS.

Généralités. 171
Chapitre I. Etat et capacité des personnes placées dans un établissement, public ou privé d'aliénés, en général. 176
Chapitre II. Administrateur provisoire. 177
Chapitre III. Curateur à la personne. 187
Chapitre IV. Mandataire spécial. 188
Chapitre V. Capacité de l'aliéné à l'égard des tiers. . . . 192
Chapitre VI. Conditions et formalités nécessaires pour la sortie d'une personne retenue dans un établissement public ou privé d'aliénés. . 197

Paris. — Imprimerie de E. Donnaud, rue Cassette, 9.

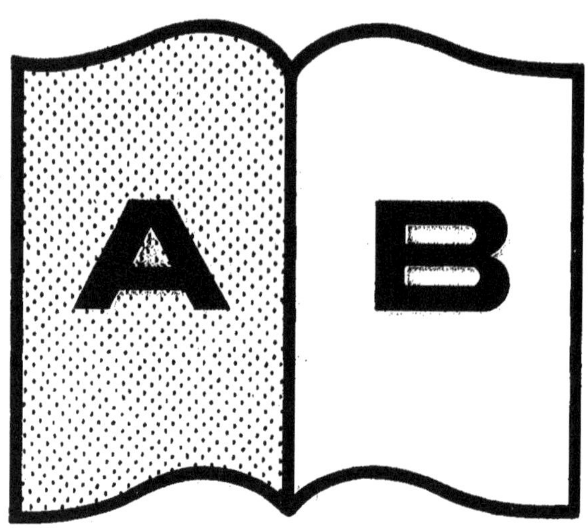
A
B

www.ingramcontent.com/pod-product-compliance
Ingram Content Group UK Ltd.
Pitfield, Milton Keynes, MK11 3LW, UK
UKHW021055230726
13926UKWH00004B/1859

9 782013 596589